被災経験の聴きとりから考える

東日本大震災後の日常生活と公的支援

土屋　葉
岩永理恵
井口高志
田宮遊子
著

生活書院

被災経験の聴きとりから考える——東日本大震災後の日常生活と公的支援　目次

目次

第1章

障害者世帯とケア――非常時における福祉サービスのあり方から　土屋　葉

第8章 脆弱性とリスク——被災者支援と社会保障　田宮遊子

第9章 仮設住宅で暮らす世帯の悩みのリアリティ——「いわき市内被災者生活状況調査」の自由記述の分析から　井口高志

［凡例］

1　実施した調査の略称として、
質的調査→聴きとり調査
質問紙調査「二〇一三いわき市応急仮設住宅入居者調査」→二〇一三調査
質問紙調査「二〇一五いわき市応急仮設住宅入居者追跡調査」→二〇一五追跡調査　を用いる。

2　聴きとり調査からの発言の引用については、（2012/6/1）のように日付を表記し、聴きとりの日時が分かるように本文を構成している。ただし煩雑になるため、すべての引用箇所に日付を記載していない。二〇一二〜二〇一五年が主な聴きとり期間であるが、詳しい調査日時については、必要に応じて、序章の表1・表2を参照されたい。

3　聴きとり調査からの発言の引用について、明らかな言い間違い、いい澱みは、修正して引用している。

4　聴きとり調査からの発言の引用について、（　）内は、引用者の注釈、（…）、は中略である。

5　地名は、基本的には「いわき市」は「いわき」、「岩手県」は「岩手」と表記した。

6　震災後に建てられた公営住宅について、災害公営住宅、という用語で統一する。復興住宅、復興公営住宅など、本人が話している場合はそのままの表記としている。

7　調査協力者については原則的に仮名とした。

序章

なぜ被災経験の聴きとりに出かけたか

本書の背景と目的

岩永理恵

1　はじめに——はしがきのような話

二〇一一年三月一一日、テレビであの大津波を呆然と見た。見る側にいることの罪悪感に苛まれつつ、見てしまった。暫くしてようやく、テレビの向こう側にいる方に何ができるのか、考えようとした。タイミングはともあれ、被災当事者とならなかった人が多かれ少なかれ考えたことであろう。私もその一人であって、少し特徴があるとすれば、日常の研究活動から、高齢で思うように体が動かない方、障害のある方はどうやって避難したのだろう、これからどうやって生活するのだろう、という疑問を抱いたことであったかもしれない。

いや、同じことを考えた人は少なくなかったとも思う。少なくとも、私たち四人は、このような問題意識を共有して集まった。四人は同世代で、阪神・淡路大震災、新潟中越沖地震について報道されたこと、被災者や支援者から聞いたことを、発災当時の雰囲気とともに記憶している。私自身は、阪神・淡路大震災で、ホームレス状態で生活してきた方が避難所から排除されたという話や、避難所にいる方に生活保護が適用されなかった、という話を聞きかじっていた[1]。

私たちは、日常の研究活動と、過去の震災にまつわる情報から想定される問題をぼんやりと関連づけながら、被災者支援に繋がる研究ができればと集まった。四人の専門は、それぞれ異なるが、平常時でも病気、障害、貧困など社会的不利を抱えた人の生活実態と、そういう人々の日常生活を支える社会保障制度をはじめとした公的支援の在り方に関心をもっていた。研究の当初より、焦点を当てようと考えたのは、発災直後ではなく日常生活を回復する過程であった。

私たちが最初に情報交換をはじめたのは二〇一一年四月である。メンバー集めの中心は田宮で、当初、本書執筆者以外の研究者にも参加、協力いただいた。最初のプロジェクト名は「震災後の社会保障」である。その後、学会・学術団体からの発信、シンポジウム、研究助成の情報を把握しつつ、個々に被災地・被災者の実態を知ろうと動いた。二〇一一年秋締め切りの科研費に応募する段階で、代表研究者に土屋、分担研究者に田宮、井口、岩永という本書執筆のメンバーが固まった。

本書は、この科研費により補助を受け二〇一二年度から三年間実施した調査を主な資料として執筆している。その詳細は次節に述べるが、上記に述べた過程で多くの方のご教示を得て、調査にこぎつけた。実際に研究を始めるまでに、知っておくべきことがたくさんあった。現在でも十分ではない。そもそも東北の地域事情に疎く、実のところ、震災後にはじめて被災者支援にかかわって、何か考えよう、やりたいと思い立ったうちの数名である。研究を進め、調査を実施するにあたって、ご協力、ご参加くださった方々に深く感謝申し上げる。

特に、被災された方、また被災しながら様々な支援活動に従事していた方のお話しから、多くのことを学んだ。教えられるばかりで、いまだ被災者支援に資するような何かは、できていない。そのようななかで、まずは、私たちが教えられ他者に伝えたいと考えたことを記すのが、本書執筆の動機である。以下の各章では主に調査を通じて得た知見をまとめ、所々で執筆者が自身のこれまでの研究をもとに考察したことを書き込んでいる。

復興とよばれるような、日常生活を回復する過程に焦点を当てて研究を進めていくと、問題にすべきは、被災者支援のさまざまな制度に加え、平常時からの社会保障や生活支援の仕組みではないか、と思われた。他方で、被災した地域では、平常時より社会資源や人的資源の少ない状況があって、震災前の状態に戻ることを復興と呼べるのか、疑問に思った。ナイーブにいえば、復興とは、被災していない他者が認めうるような何かではないのだと思う[2]。

当たり前だが、生活とは日々の積み重ねであって、そのように積み重ねられていくことが普段の生活となり、それを回復するには、相応の時間が必要である。その「相応の時間」というのが、仮設住宅に六年以上暮らすというような事態になるとき、これが「相応」とは思われないのである。いまだこのような事態が続いていることを念頭におき、被災後の生活再建の土台となる被災前／平常時からの生活のありようや社会制度に重点をおいて論を展開する。

2 どのような調査研究か――本書の位置と意味

繰り返しになるが、私たち執筆者は四人とも災害研究は専門ではない。このような私たちが、一番の危機的状況であり注目も集まる発災直後ではなく、日常生活を回復する過程に焦点を当てた本を作ろうとする意図、経緯を、もう少し詳しく説明したい。

（1）災害研究に対する本書の位置

私たち四人それぞれ専門の研究領域は異なるのだが、共通しそうなキーワードを挙げてみれば、【社会福祉、社会政策、社会保障、家族、障害、貧困、生活保護、支援、ケア、介護……】といった感じである。【災害、震災、被災……】といったキーワードは含まれてこなかった。それなのに東日本大震災が起きて、このワードを含む研究に着手しようとしたのであり、正直、この領域は素人である。

【災害、震災、被災……】といったキーワードを含む研究領域について、それぞれ〝一から〟勉強を始めた。手さぐりの段階で、まず気づいたことは、理系の研究者によるものが多いことであった。「災害研究は極めて学際的」であって、「理系との接点も多いし、建築や都市計画をはじめとする理系の研究者の手による社会科学的研究も多い」（田中 2007）。これらをどう解釈すればよいかも分からず、要するに、何が先行研究なのだか分からない事態に陥った。

そのなかで頼りにした第一の文献は、WisnerBet al（2004=2010）である。災害という加害力が作用した結果として起きる影響の大きさは、個々人のリスクに対する「脆弱性」によって異なり[3]、脆弱性が大きいことは災害発生直後の被害を深刻なものにするだけでなく、長期的な暮らしの再建を困難とし、次に発生する災害に対しても人々をさらに脆弱にする。この研究により、私たちの従来の研究領域との接合性を理論的に認識できた。

災害研究は世界的に蓄積があるが、日本において社会科学系の研究蓄積が格段に増えたのは、阪神・淡路大震災後であった（田中 2007）。神戸大学、京都大学、関西学院大学研究グループによる叢書や弘文堂の「シリーズ 災害と社会」を手にとり、徐々に災害研究の外縁を知った[4]。阪神・淡路大震災時の多くの仮設・復興住宅の調査が明らかにしてきたのは、時間の経過とともに、被災者が抱える問題が見えにくくなっていくことであった（額田 1999、田中 2006）。

二〇一八年現在、東日本大震災及び福島原発事故の発生から七年目となるが、その被害を受けた地域と人々、避難を続けている人たちへの社会的関心は、すでに失われた、と言い切れそうな状況である。報道数の減少は災害発生後二年目の段階で、すでに顕著であった[5]。田中幹人他（2012）は、早々に、貧困層と高齢層に対して災害が深刻な影響を与えている傾向が強いことを指摘した。さらに時が経ち、依然として生活困難を抱えている人の問題は、見えにくくなると考えた。

そこで、災害リスクに対する脆弱性が高く、これまで筆者らが関心を寄せてきた「社会的弱者」に着目し、東日本大震災の中長期的影響を調べようと具体的な構想を立て始めた。ポイントは、「社会的弱者」というカテゴリーで、震災以前から母子世帯、障害のある方たちに焦点を当てたことにある。震災遺児、震災障害者、震災による遺族母子ではない。いちおう社会制度に守られているはずの、震災以前からの「社会的弱者」が、より困難な状況におかれるのではないか、調べようと考えた。そのひとまずの結論は、障害、介護、生活保護、中壮年、母子などの特徴ごとに取り上げた2章以降の各章で明らかにされる。

(2) 震災後の「社会的弱者」に対する中長期的影響に関する研究

震災以前からの「社会的弱者」に注目した先行研究をみると、多くは、発災直後の避難の困難さや避難所の在り方、社会福祉施設運営、サービス提供及び社会福祉行政の遅滞や停滞、被災者支援制度の不備といったことをテーマとしている[6]。もちろんこれらの研究も重要であるが、ここでは本書のテーマに類似した、中長期的な影響を丁寧にたどった調査研究、特に量的・質的に研究が増えた阪神・淡路大震災後のものを取り上げる[7]。

辻(2001)は、阪神・淡路大震災後の一九九五年から三年間、神戸市長田区A街区と北淡路町富島B街区で聞き取り調査を行った成果をまとめている。この二地区を丁寧に継続的に調査して、被災者と被災地の避難・再生過程を分析した。研究課題は、世帯特性と被害の関連、復興過程における家族・地域・行政・企業による支援の役割、災害現象と地域差、具体的援助活動と復興支援の四つである。

本書に特に関係すると思われ印象的な結論が二つある。一つは、「地震は低所得・単身・高齢・女・借家層の家屋をねらい撃ちして倒壊」、「高所得・多世代・複数家族・若年・男・土地所有層での被害は相対的に軽かった」、そして「家屋被害はその後の復興過程へ持ち込まれ」たという（辻 2001: 306）。経済的格差、土地所有の有無、社会階層の差が、被害の軽重を生み、復興過程にも影響することが明らかにされている。

もう一つは、行政の支援について、ほとんど実効性がなかったとした点である。「行政が準備した仮設住宅や復興公営住宅は、なるほど相応の役割を果たしたが、それらの配置場所と居住性には大きな限界があった」「高齢層や借家層と家主層に対しての公的な融資制度はほとんど機能しなかった」（辻 2001: 307）。東日本大震災発生時は、いちおう、これを教訓とした被災者支援制度が設計されている。本書では、辻（2001）ではほぼ言及されていない平常時からの生活保障制度、その機能にも注目する。

金持伸子は、阪神・淡路大震災の被災者調査を一五年続け、成果を発表した。金持（2002）によると、調査は、西宮市の応急仮設住宅約五〇〇〇戸の入居世帯全数を対象に始め、必ずしも「社会的弱者」のみを対象としたものではない。被害を蒙った人の足どりと生活の状態を、住まいを中心にたどり、災害復興公営住宅入居者への家賃軽減制度、さらには、家賃補助を期限付きの復興対策としてだけでなく、一般的な住宅政策として実施すべきという。また、被災高齢者が直面する交通費の負担は重く、移動の自由の確保、公共交通網の改善も提言している。

成果を短くまとめた金持（2010）で強調するのは、「災害のために蒙った生活のダメージが一五年の間に、さまざまな経路をへながら、克服できないまま、確実に拡がっていること」である。このことに着目して「災害弱者」という言葉を用いている。「災害弱者」の例として高齢者や障害者だけでなく、震災当時四〇歳前後から五〇歳くらいの自営業や中小零細企業で働いていた方、雇用が安定しないまま生活費を親世代の年金に頼らざるを得ない方などを取り上げている。

本書の調査の過程でも、同じような問題意識を覚えた。本書と同じ執筆者による田宮ほか（2013）では、災害のインパクトが、世帯が抱える脆弱性、各世帯員の身体・周辺環境の変化と相まって複合的に影響することを、住宅・雇用・ケア・移動という四つの論点から明らかにした[8]。本書5章で取り上げる中壮年の諸相からは、金持（2010）の危惧が、東日本大震災後にも当てはまりそうであることが示唆される。

相川・増澤（2013）は、阪神・淡路大震災後一九九七〜二〇〇六年、仮設住宅から復興住宅に居住した方を対象とした傾聴ボランティアが聞き取った記録を、特に単身高齢者に限定して整理したものである。同書は、被災者自身の言葉、証言を残すことを最大の眼目としている。証言は、KJ法を用いて住居・収入・健康・つながり・行政との関わり・心情に分類し、内容の変遷を分析している。

相川・増澤（2013: 20）は、証言をそのまま記載して記録することが目的とされ、要点をまとめるのは難しいが、証言内容の変遷としては、一九九八〜一九九九年が住宅の証言増、二〇〇〇年健康とつながりの証言増、二〇〇三〜二〇〇五年心情の証言増、である。収入に関する証言は二〇〇三年以降増加し、「生活保護以下の年金生活」で「生活保護に切り替えようか。しかし、受けたくない。」という葛藤を取り上げた（相川・増澤 2013: 217-8）。

二〇〇五年度四一人の聞き取りのうち約四分の一が生活保護と推察でき、この数年間に生活保護に切り替えた人が多い、と指摘されている（相川・増澤 2013: 217-8）。復興住宅に居住した少なくない方が、時間の経過による心身の状態変化があって、医療や介護を要する状態になり、年金では生活を支えられなくなる様子がみてとれる。

東日本大震災後、についてはこれから研究が積み重ねられていくのだろう。本書が、そのうちの一つになれば幸いであるが、繰り返し触れたように、私たちは災害研究を専門としていないことがあって、焦点は、災害そのものにまつわることではなく、しばらく経って日常生活を回復する過程と、そこで機能する公的支援、特に社会保障・社会福祉制度にある。ただ、この意味において、私たちの調査研究に独自性を見出すことができる。

（3）災害研究「専門外」で被災地から遠い私たちが研究する意味

災害研究「専門外」の私たちが調査研究を続けてきたことを強調してきたが、その意味をもう少し説明し、「本業」に対する示唆を述べたい。

まず、災害研究とはもとより学際的領域であるのだから、災害・震災に関心をもった研究者が、少しは み出して研究をはじめるしかないのでは、ということがある。私たちの調査は、同じ調査協力者を何度か訪ね、できるだけ四人で繰り返しお話を聞いた、という特徴がある。本書の執筆内容から分かるように、四人の研究関心や視点が完全に一致しているわけではない。調査協力者から話を聞き、それぞれの関心から質問した。このような私たちが関わることで、東日本大震災が及ぼした影響の多様さが明らかにできるのではと考える。

そうはいっても、私たちにはいくつもの弱点がある。執筆者四人のうち二人は関西、一人は中部、もう一人は関東在住と、被災地から遠いところに居住地があって、地道に聴きとりを続けるには、地理的に不利な立場にあった。いくら震災後に関心をもったといっても、被災地や被災した県にある大学に勤めている研究者とは、かなり事情が異なる。なにより、調査協力者に出会うのに苦労した。しかし、震災後という特殊状況であったからこそ、私たちのように突然の調査開始が可能であったともいえ、その意味ではやはり災害研究の一部なのだと考える。

被災地に不案内であることは、調査を始めても、執筆の段階でも、不安がつきまとった。調査地としたそれぞれの地域には、独特の文化や人間関係がある。私たちにはこれらが分からず、話の文脈をよく理解できていないのでは、と思う。土地の言葉すら理解できておらず、方言であればもっと表現された何かがあったのでは、と今でも思うことがある。

ただ逆に、これが強みになるという面もなくはない。被災地にある大学に勤務するある研究者は、「近い人」では、書けないことがある、とこっそり話してくれた。おそらく、調査協力者も同じで、「近い人」、明日会う人、日常的に接する人には話せないこともあるのではないか。それらをつかむことに成功したかどうかは分からないが、そうした試みがあっても良いのだと考えている。

さらに、もう少し私自身（岩永）の従来の研究関心と対照させながら述べてみたい。私は、日本の貧困問題から、その対応策の柱とされる生活保護制度の現状や歴史を研究テーマの一つとしてきた。生活保護は、生存権を保障し、被災者も含めどの人も生活する術がなければ、最終的には生活保護を受給して生きられるようにする、そういう生活保障の仕組みである。給付の要件は、生活困窮し他に活用する資産・能力などがないことであり、無差別平等の理念を掲げている。

生活保護では、生活に困窮しているというニーズを認定すれば、困窮した原因を問わず救済する。これが制度の特徴であって、私は、どちらかといえば望ましいことだと考えていた。しかし、被災者支援制度を勉強し、被災の経験を聞いていると、無差別平等――原因を問わないという理念は、制度を利用しようとする当事者からは疑問をもたれるような場合があるのだと再認識した。被災した方が生活に困窮した場合、その大きな原因は震災にあり、それによる被害にある。原因を問わず救済、ではなく、震災という理由に対する救済を求めており、いわば原因を問う救済への要請を目の当たりにした。

もちろんその要請に応じて被災者支援策は作られてきたし、その必要性に疑いはない。しかし、震災以前から困窮していた人は、以前の生活を回復すればそれで済むのか、以前の生活を回復することが可能なのか、疑問は尽きない。しかも、誰が被災者・どこが被災地で、いつまで被災者・被災地なのか、自明ではない。どこかで救済に対する被災者・被災地の線引きが行われる。

この線引きの難しさは、応急対応が必要な時期を脱し、日常生活を回復しようとする過程に入ると、より深まり、どうすれば生活を回復したことになるのか、支援の「ゴール」はどこかが問題になり、震災後の早い段階で「自立せよ」という意見が力を持ち始める。おそらく「ゴール」などは無く、すでに触れたように、生活が回復するとは、他者が認めうるような何かではないのだと思う。実際、そのようなことが特定できないくらい、個々のおかれた状況はさまざまである。

この段階に至って、問われるべきは、平常時の社会保障・社会福祉制度のあり方なのだという思いを強くした。実際、調査の過程を経て、平常時の制度は、確かに機能していて、被災した人々の生活も支えているのだという印象をもった。以下は、調査研究を経て得た暫定的な考察、いわばオープンな結論である。本書は、少ない事例のささやかな研究に留まっており、今後改善を加えられればと思う[9]。

平常時の社会保障・社会福祉制度のうち、特に所得保障制度の意義は大きい。年金、児童扶養手当、児童手当、雇用保険、生活保護などからの給付は継続され、自営で職場を喪失した方と比べればある意味で安定収入が得られると思われた。これらの給付を得ている「社会的弱者」は、良くも悪くも被災前後で生活が大きくは変わらないように見受けられる人もいた。年金などは、住んでいるところで額が変わるわけではなく、職住接近を考えて職を探す必要のある方と異なり、移動への躊躇が少ない場合もある。

社会福祉サービスは、もはや生活のインフラといってよいほど根付いていた。病院と学校がなければ地域が成り立たず人は戻らない、といわれるが、介護事業所や保育園もそれに付け加えるべき存在である。一方、地域によっては平常時からサービス供給体制が整わず、利用できていなかった方がいることの問題に気づかされた。震災由来の問題ではないのだが、震災によって問題が炙りだされる。ただ、震災によって新しく流入する支援もあって、解決に向かうこともある。

このようにみていくと、所得保障の対象ではない、福祉サービスの対象でもない方の困窮が深刻であるように見受けられた。たとえば、本書で取り上げるのは中壮年の存在である（5章）。労働分野からも多様な支援は展開されているが、平常時からの構造的問題（産業構造、職業紹介、職業訓練の在り方など）が関わっているように思われた。このような被災者にまつわる問題を踏まえ、平常時の制度を変えていくことも必要だと思う。

岩永（2017）で仮設住宅の問題を検討したが、そこで起きている問題は、平常時から社会保障の一部、社会手当としての住宅手当があれば、解決できる問題があったと思われた。このようにして困難な状況下でも、今後の生活や町づくりを考える際にいくつか選択肢をもち、見通しをもてるような仕組みをつくっていくことが望まれる。

3　調査研究の概要

（1）調査研究の対象と方法

次に、本書中で頻出する二つのキーワードについて、あらかじめ説明しておこう。

本書において「被災者」とは、目に見える被害を受けた人々、あるいはもっと狭義に罹災証明を受けた者だけに限定しない。林春男は、災害により日常生活に何らかの変化が生じ困っている人々や、災害によるショックで恐怖心を抱いた人々についても被災者であると指摘した。

調査では、林の定義に場所的限定を加え、震災当時、東北三県（岩手県、宮城県、福島県）に居住し、震災による死亡や障害、住宅の損壊を伴うような被害を受けていても、受けていなくても、日常生活や心理面で何らかの影響を受けた人々で構成される世帯を被災世帯ととらえ、聴きとり対象とした。いつまで「被災者」と呼び続けてよいのか、という問題はあるのだが、本書では上記のような被災経験のある方の意味で「被災者」という言葉を用いる。

また、「公的支援」とは、第一には、平常時・災害時含めた政府による社会保障給付を念頭に置いているが、人々の生活を成り立たせる資源・支援には地域社会によるもの、ＮＰＯの活動など「準公的」なものもある。被災者の生活の全般に目配りをするため、「公的支援」「準公的支援」を含め、地域で利用できる複数の資源に着目する。

調査の主な対象地域は、岩手県沿岸部と福島県いわき市である。調査の準備過程における、対象者への接近可能性という要素が大きく作用し、結果として地域をこの二か所に絞ることになった。ただ、東日本大震災の特徴はその被害の広域性にあり、地域特性に応じてその問題の現れ方は異なっている（中澤 2012）。二箇所を対象とすることで、災害による影響のさまざまなあり様を深く捉えつつ比較することができると考える。

岩手県沿岸部は、特に津波被害による影響が顕著な地域であり、土地の整備に時間がかかり人口流出が懸念されている。一方でいわき市は津波被災者、原発避難者が混在しており、移住者の流入を経験している地域でもある。こうした二地域を調査地とすることで、東日本大震災の中長期的な影響を単純化せずに捉えることができるだろう。ただし、次項で述べるように、いわき市内での調査は、同市が設置した仮設住宅居住者を対象とし、基本的に原発避難者は含まれていない。

調査方法としては、岩手県沿岸部では聴きとり調査（質的調査）を実施し、いわき市では質問紙調査（量的調査）を実施し、その後これにご協力いただいた方へ聴きとり調査（質的調査）を実施した。このような調査過程から聴きとり調査にご協力いただいた被災者は、平常時から脆弱性が高いと考えられる特徴をもった方たちである。詳細は第４節で述べる。

本研究で聴きとりという方法を重視した理由は、第一に、質問紙調査などの量的調査では、社会的少数集団に属する脆弱性の高い人々が有する問題が数として現れにくいためである。脆弱性の高い人々へアプローチするには個別の事例にあたることが必要不可欠である。第二に、仮説にもとづき検証するといった、演繹的手法を用いるためのデータが蓄積されていないことがある。

本調査研究の特長は、一時点ではなく、数回にわたって被災者から話をうかがい、変化を把握しようとした点にある。林春男・重川希志依（1997）は、災害発生後から復興までの「災害過程」についての理解がいまだ不十分であることを指摘する。脆弱性の高い被災者のそれについてはなおさらであろう。本書によって、平常時から脆弱性の高い人々の多様な経験の記述を積み重ねることにより、かれらの震災後の生活の一側面を明らかにできればと考える。

（2）二種類の調査

調査は、①「被災と生活困窮に関する質的調査」、②質問紙調査である「二〇一三いわき市借り上げ仮設住宅入居者調査」「二〇一五いわき市借り上げ仮設住宅入居者追跡調査」の二種類を実施した。

①「被災と生活困窮に関する質的調査」（本書での略称は、聴きとり調査、とする）は、まず震災直後から支援を行っているいくつかの団体および支援に携わっている研究者への接触からはじめた。その後、そうした団体からの紹介を得て、高齢者、障害者、母子世帯の母親、生活保護受給世帯、及び、高齢者と障害者についてはその家族を含めた「社会的弱者」層を対象に、非構造化インタビューを行うことで、災害と生活困窮のメカニズムを詳細に検討した。調査の詳細は本章4節で述べる。

②「二〇一三いわき市応急仮設住宅入居者調査」（本書での略称は、二〇一三調査、とする）は、福島県いわき市が設置する応急仮設住宅に居住する全世帯を対象とした。原発事故による避難指示が出るなどした福島県沿岸部に位置する双葉郡の八町村（広野町、楢葉町、富岡町、川内村、大熊町、双葉町、浪江町、葛尾村）が設置した仮設住宅居住者は、原則的に調査対象でない[10]。

震災が被災者にどのような影響を及ぼしているのか、世帯の状況、震災前後の世帯状況の変化、住まいの変化、仕事の変化、収入、育児・介護サービス利用状況から、中・長期的な状況を把握し、被災者支援のあり方を考えるためのデータを得ることを目的として実施した。「二〇一五いわき市応急仮設住宅入居者追跡調査」（本書での略称は、二〇一五追跡調査、とする）である。

震災後一定期間を経て、なお仮設住宅に居住しているのは、経済的に困窮している者が多いという指摘がある（内藤 1999）[11]。このため対象者は生活困窮者層に偏っていることが推測された。さらに質問紙調査実施後に、障害者世帯、高齢者世帯、生活保護受給世帯、母子世帯等の世帯を抽出し、追加調査（聴きとり調査）を実施することを前提とし調査を実施した。これらの質問紙調査の詳細は、第9章及び資料編で述べる。

（3）調査の経過

調査を開始した二〇一二年度から年度ごとに調査経過の概略を説明する。本調査は、JSPS科研費24330164の助成を受けており、科研費の実績報告書も参照されたい。以下は、実績報告書の一部を参照している[12]。

二〇一二年度は、被災地における「社会的弱者」をとりまく実態をおおまかに捉え、当事者への聴きとり調査を設計する基礎データを収集した。宮城県（石巻市・仙台市・山元町）、岩手県（釜石市・大槌町・山田町、盛岡市）、福島県（郡山市・いわき市）の各県において、関係団体（障害者支援団体、高齢者支援団体・母子世帯当事者団体等）へのヒアリングを行った。また行政機関（災害対策担当部署、社会福祉協議会等）へのヒアリングを行うことにより、既存の社会保障制度・社会福祉制度および災害時の緊急支援システムがどのように機能したのかを検証するためのデータや質問紙調査実施のための知見を得た。また八月および一一月には、岩手県釜石市において、障害をもつ被災者を中心とした聴きとり調査を開始した。

二〇一三年度には、ひきつづき、宮城県（山元町・岩沼市）、福島県（いわき市）、岩手県（釜石市、大槌町・山田町）において、関係団体（障害者支援団体、高齢者支援団体等）へのヒアリングを行い、被災地における「社会的弱者」をめぐる状況と、その支援体制の変化について、大まかに捉えた。八月に、前年度に訪問した岩手県沿岸部に居住する同一対象者（障害をもつ被災者）に対し、とくに生活状況の変化や生活史に着目した、継続的な聴きとり調査を行った。

さらに八月から九月にかけて、福島県いわき市保健福祉部およびいわき市社会福祉協議会の協力により、応急仮設住宅団地および借り上げ仮設住宅を対象とした質問紙調査、「二〇一三いわき市応急仮設住宅入居者調査」を実施した。二〇一三年三月には、回答者のうち、継続的な調査への協力を承諾した対象者に対し、障害をもつ／高齢である／母子世帯である／生活保護を受給する被災者を抽出し、震災による生活状況の変化について、詳細な聴きとり調査を行った。

二〇一四年度は、二〇一三年度に実施した聴きとり調査および質問紙調査についての分析を行った。これらの結果をもとに、八月には福島県いわき市における継続的な聴きとり調査を実施し、一〇月には岩手県沿岸部においても継続的な聴きとり調査を行った。

「二〇一三いわき市応急仮設住宅入居者調査」については、世帯状況、所得、仕事、住居などと、被災状況、国や自治体からの支援状況、生活上の問題等とのクロス集計等の基本的な分析を終え、二〇一五年一月～二月に量的調査のフォローアップ調査（二〇一五追跡調査）を実施した。

三年間で、科研費による補助は終了した。二〇一五年度以降も、聴きとり調査に協力いただいた方のお宅に訪問している。次節において、その経過も含め聴きとり調査の経過を説明する。

4　聴きとり調査＝「被災と生活困窮に関する質的調査」について

「社会的弱者」の被災者が対象者であることから、かれらへの支援を行っている機関・団体を窓口とし、徐々に被災された当事者への調査に移行した。調査の日程、調査地、調査協力者及び調査内容の概略は、表1「調査日程・調査地・調査協力者等一覧」にまとめた。表1を参照しながら、調査経過を述べる。

まず、震災直後から支援を行っている研究者、団体関係者と接触した。第一回（二〇一二年六月）は、東北地方の大学に在籍するなど震災直後の状況に詳しい研究者らと、認定ＮＰＯ法人難民を助ける会（AAR Japan）のスタッフである野際紗綾子氏に活動内容、震災直後と現在の状況、被災された方のおおまかな状況などの聴きとりを行った[13]。

その後、東北関東大震災障害者救援本部により岩手県に設置された「被災地障がい者センターかまいし」と繋がった。同センター職員の紹介により利用者七名および同センター職員を含む釜石市行政・関連団体・関係者三名への聴きとり調査を実施した（二〇一二年八月、第二回調査）。

第三回調査（二〇一二年八月〜九月）は、宮城県と福島県に設置された被災地障がい者センター等支援機関を訪ね、障害当事者、支援者に対する聴きとり調査を実施した。第四回調査（二〇一二年一一月）は第二回調査の協力者に二度目の調査を実施するとともに、岩手県内の別の支援機関への聴きとり調査を実施した。

第五回調査（二〇一三年二月）では、福島県いわき市にある東日本国際大学に当時勤務していた研究者の協力を得て、いわき市役所、いわき自立生活センターへの聴きとり調査を実施した。第六回調査（二〇一三年四月）では、いわき自立生活センターの利用者や障がい者支援に関わる支援者への聴きとり調査を実施した。第七回（二〇一三年五月）には、母子世帯支援団体の協力を得て、母子世帯の方への聴きとり調査を実施した。

第八回調査（二〇一三年八月）は、宮城県内の支援団体関係者に新たに聴きとり調査し、さらに、第二・四回調査で聴きとりした世帯に三回目の聴きとり調査を実施した。第九回調査（二〇一四年三月）は、二〇一三年夏に実施した質問紙調査（第9章及び資料編を参照）において継続調査可と回答したうち、一四世帯に聴きとり調査を実施した。第一〇回（二〇一四年八月）はこの継続の聴きとり調査であるが、一部はじめて調査対象とした世帯がある。

第一一回調査（二〇一四年一〇月）は、釜石市および岩手県沿岸部に住む方に対し、第二・四・八回調査に次ぐ四度目の聴きとり調査を実施した。世帯により訪問回数は異なるが、二〜四回の調査に応じていただいた。科研費による助成終了後も、費用と日程の関係で、執筆者四人全員の参加は難しかったが、聴きとりに出かける作業は続行した。釜石市および岩手県沿岸部に住む方に対しては、二〇一五年と二〇一七年に、いわき市に住む方には二〇一五年と二〇一六年に訪問した。その間に再訪できなかった方を中心に葉書を送るなど、多くの調査協力者の方たちと関係性を継続している。ただし、本書で用いる聴きとり調査内容は、時期的に、二〇一二〜二〇一五年が主である。

このように研究者、支援団体・機関と繋がりながら、少しずつ被災者へ接近した。本書で用いる調査成果は、被災者への聴きとりが中心である。ただし、研究者、支援団体・機関のスタッフからの聴きとりも、私たちの記述に大きな影響を与えている。そもそも、支援団体・機関のスタッフという立場からのお話をうかがったとはいえ、かれらの多くもまた被災者であり、いわゆる支援者の状況と共に、ご自身の経験が織り交ぜて語られることもあった。そうした語りからも多くを学ばせていただいた。

調査経過で述べたように、被災者への聴きとり調査は、同じ世帯を何度か訪ね、話を聴きとる設計とした。どの世帯に何度お話をうかがったか、仮名（一部、本人の意向により本名）による一覧表を作成した。表2「調査協力世帯の仮名と調査回数」である。表2には、各世帯が本書のどこで登場するかも記しており、適宜参照いただきたい。

聴きとりは、対象者の承諾を得て、すべて音声データとして記録した。聴きとった結果は、調査項目ごとにメモとしてまとめると同時に、逐語記録を作成した。調査項目の概略は表1にまとめたが、詳細は章末に掲載した資料A、資料Bである。被災者に資料A、被災自治体・支援団体には資料Bにまとめた項目を用いて半構造化インタビュー調査を実施した。調査協力者により細かな内容は異なる。一回目以降の調査では、

表１　調査日程・調査地・調査協力者等一覧

調査回	調査日程	調査地	調査協力者	人数（番号は左欄に対応）	聞き取り項目（番号は左欄に対応）
第１回調査	2012年６月１日（金）～２日（土）	仙台市	野際紗綾子氏(難民を助ける会)大学研究者	３名	活動内容、震災直後と現在の状況、被災された方のおおまかな状況、調査状況など
第２回調査	2012年８月14日（火）～17日（金）	釜石市、岩手県沿岸の町	①釜石市行政・関連団体・関係者 ②釜石、岩手県沿岸部の被災者	①３名 ②７世帯	①行政関係者：震災前の状況、震災直後と現在の支援状況など 関連団体：活動内容、被災された障害者のおおまかな状況など ②震災前の生活状況、被災直後と現在の状況など
第３回調査	2012年8月29日（水）～9月1日（土）	郡山市、宮城県沿岸の町、仙台市、石巻市	①被災地障がい者センターふくしまのスタッフ ②宮城県のNPO法人の職員 ③被災地障がい者センターみやぎのスタッフ ④石巻社会福祉協議会の職員	①３名 ②３名 ③７名 ④１名	①仕事内容、震災直後と現在の状況、行政とのかかわりについてなど ②震災前の活動、震災後の障害者支援など ③震災前、現在の活動など ④活動開始のきっかけ、現在の活動、避難所や仮設住宅での問題など ⑤災害時の社協活動における問題、民生委員と児童委員との連携など
第４回調査	2012年11月24日（土）～26日（月）	岩手県の市と沿岸部の町、釜石市	①ひとり親支援のＮＰＯスタッフ ②岩手県沿岸部の町役場 ③釜石市保健福祉部 ④岩手県沿岸部の被災者	①１名 ②２名 ③１名 ④３世帯	①岩手のひとり親の現状・課題、支援についてなど ②生活保護、障がい者、高齢の方々について ③震災前、震災直後、現在の釜石市における支援状況について ④震災前の生活状況、被災直後と現在の状況など
第５回調査	2013年２月13日（水）	いわき市	①東日本国際大学(いわき市)の研究者 ②いわき市役所職員 ③いわき自立生活センタースタッフ	①２名 ②２名 ③２名	①インタビュー調査の経験について、震災直後の状況についてなど ②震災直後、現在のいわき市における支援状況についてなど ③被災状況、支援状況についてなど
第６回調査	2013年４月21日（日）～22日（月）	いわき市	①被災者 ②ヘルパー事業所の支援者	①３世帯 ②２名	震災前の生活状況、被災直後と現在の状況など
第７回調査	2013年５月9日（木）	いわき市	いわき市の母子世帯の方	１名	震災前の生活状況、被災直後と現在の状況など
第８回調査	2013年８月25日（日）～29日（木）	宮城県沿岸の市と町、釜石市、岩手県沿岸の町	①宮城県のＮＰＯ法人の職員 ②岩手県沿岸部の地域包括支援センターの職員 ③被災地障がい者センターかまいしのスタッフ ④釜石市保健福祉部の職員 ⑤釜石、岩手県沿岸部の被災者	①３名 ②２名 ③１名 ④１名 ⑤６世帯	①現在の被災者支援、役場との関係など ②震災前、震災直後、現在の支援状況についてなど ③現在の活動について、被災された障がい者の状況の変化など ④震災前、震災直後、現在の業務内容、「社会的弱者」と住宅についてなど ⑤現在の生活状況についてなど
第９回調査	2014年３月１日（土）～４日（火）	いわき市	応急仮設住宅団地および借り上げ仮設住宅に在住し、障がいをもつ／高齢者である／母子世帯である／生活保護を受給する被災者の方々	13世帯	世帯構成・被災時の状況・住まい・仕事・支援・子どもについてなど
第10回調査	2014年８月21日（木）～24日（日）	いわき市	応急仮設住宅団地および借り上げ仮設住宅に在住し、障がいをもつ／高齢者である／母子世帯である／生活保護を受給する被災者の方々	14世帯	世帯構成・被災時の状況・住まい・仕事・支援・子どもについてなど
第11回調査	2014年10月4日（土）～６日（月）	岩手県の市と沿岸部の町、釜石市	釜石、岩手県沿岸部の①被災者と②支援者	①５世帯 ②１名	現在の生活状況、活動についてなど
第12回調査	2015年９月22日（火）～24日（水）	釜石市、岩手県沿岸の町	釜石、岩手県沿岸部の①被災者と②支援者	①６世帯 ②１名	現在の生活状況、活動についてなど
第13回調査	2015年11月13日（金）～14日（土）	いわき市	被災者	３世帯	現在の生活状況、活動についてなど
第14回調査	2016年２月26日（金）	いわき市	被災者	３世帯	現在の生活状況、活動についてなど
第15回調査	2017年８月11日（金）～13日（日）	釜石市、岩手県沿岸の町	被災者	７世帯	現在の生活状況、活動についてなど

表２　調査協力世帯の仮名と調査回数

世帯番号	仮名	世帯の特徴	調査回												本書での登場箇所
			2	4	6	7	8	9	10	11	12	13	14	15	
1	小林みさこ（妻） 小林四郎（夫）	高齢夫婦、後に単身世帯	○				○							○	2章
2	武藤	身体障害、母親と同居 生活保護	○	○			○				○			○	4章、6章、8章
3	堀内	精神障害、母親と同居	○	○			○			○	○			○	4章
4	宮津 日下部（姉）	夫婦と重度心身障害のある子どもの世帯	○							○				○	1章
5	小泉	視覚障害、妹と同居	○				○			○	○			○	4章
6	柏崎裕子（妹） 柏崎誠（兄）	高齢、身体障害世帯、 後に障害のある兄妹二人世帯 生活保護	○	○			○			○	○			○	2章、6章、8章
7	工藤大介（夫） 工藤めぐみ（妻）	視覚障害のある夫婦と子どもの世帯	○				○			○	○			○	4章
8	瀬谷久美子（妻） 瀬谷直樹（夫）	視覚障害の夫婦世帯			○				○						コラム2
9	小野	身体障害、単身世帯			○										コラム3
10	大堀	身体障害、単身世帯			○										1章
11	永井	母子世帯				○									3章
12	郡司	中壮年単身世帯						○					○		5章
13	星野	高齢夫婦と子どもの世帯および障害のある子ども						○							1章、コラム1
14	大山	高齢、障害のある夫婦世帯 生活保護						○	○			○			2章、6章
15	渡辺	母子世帯						○							3章
16	小沼	母子世帯						○							3章
17	桑原	三世代世帯						○							コラム4
18	大友	高齢、障害のある夫婦世帯						○							2章
19	桜井	高齢、疾病のある夫婦世帯						○							2章
20	中川	夫婦世帯 生活保護						○	○				○		6章
21	田崎	夫婦世帯（震災後再婚）および障害のある子ども						○							1章
22	穴沢	母子世帯							○						8章
23	丸山	母子世帯、障害のある子ども						○							1章
24	渋谷	身体障害、精神障害、単身世帯 生活保護						○	○			○	○		6章
25	坪井	母子世帯、障害のある子ども 生活保護						○							1章、6章
26	七海	母子世帯			○										1章、3章
27	浅野	高齢単身世帯							○						8章
28	野口	夫婦と孫娘							○						8章
29	若林	高齢単身世帯							○						7章
30	川島	母子世帯							○						3章、8章
31	佐野	高齢単身世帯							○						7章
32	平山	中壮年単身世帯							○						コラム4
33	板橋	高齢単身世帯							○						7章
34	青田	中壮年単身世帯							○			○			5章
35	若松	高齢単身世帯							○						7章

震災前・被災直後について聞けていなかった点、現在の生活状況、前回からの変化を中心にたずねた。

5　本書の構成・各章の要約

最後に、本書の構成、各章の要約を述べる。

1章から6章までは、前節までに概要を述べた聴きとり調査の結果を用いて、各世帯の状況を各執筆者の視点から記述したものである。すでに述べた研究調査の方法から明らかなように、代表性のある調査結果とはいえない。それぞれの世帯の独特な被災状況を伝えるものである。各章の記述の視点からは言及できなかった方々についてはコラムを作成し、調査にご協力いただいた世帯のすべてを取り上げることとした。以下、各章ごとの要約である。

第1章では、障害福祉サービスのあり方と家族に焦点化している。震災をきっかけとして、障害のある人が施設に入所するケースがある一方で、子どもが若年である場合には、通学先や通所施設の継続利用を前提として、住む地域の選択や生活再建が図られていた。ただし震災という出来事にかかわらず、親は自らの加齢にともなうケアの限界を見据えて施設入所を想定しているという。ここから、平時から家族に代わる地域でのケアのあり方が想定できないという「親亡き後」の問題があることが示唆されている。

第2章では、高齢期の世帯員の介護を行う5世帯が、経験した変化と、その変化への対応、その経験に関する語りを述べる。被災した際、介護保険制度などのフォーマルなサービスの存在は支えとなるが、制度の〝柔軟性〟が問題となる。被災後の生活再建において、住まいを定めることが重要なことはもちろんだが、介護を要する場合、介護・医療サービスへのアクセス可能性を重視するという特徴がある。住まいは、愛着の対象といった意味もあり、高齢期の住まいの選択には、独特の難しさがあることが伺われた。

第3章では、母子世帯の状況について特に仕事に着目して記述する。被災によりシングルマザーの仕事と育児との両立が難しくなる状況がもたらされていたが、シングルマザーの高い就労意欲によって就業継続や早期再就職が可能になっていた。ただし、不安定雇用と低所得という状況は、被災前後で共通する母子世帯の抱える課題であった。

第4章では、障害のある人がいる世帯に注目し、この世帯が受けた災害による影響を「しごと」を軸として論じている。自営業を営んでいた世帯は、しごとの再開を新たなすまいの場所と不可分なものとして捉え、ネットワークや制度に支えられて比較的短期間でそれを果たしていた。一方で新たな出会いにより震災後から数年を経て、しごとに新たな意味づけをみいだし生活を一変させた人たちもいた。

第5章は、中壮年でひとり暮らしの男性二人に注目した。被災した中壮年の単身男性のなかには、ひとりで暮らすには不足のない経済的な水準にあることで、かえってかれらの生活問題がみえにくくなる場合がある。被災のために早まった退職によって、仕事中心の生活がもたらしていた生きがいや、人的つながりの中心であった同僚との関係が途絶えるという生活の変化が聴きとられた。

第6章は、生活保護利用の経験がある6世帯を取り上げる。各世帯の生活は震災・原発事故後によって一変するが、損傷・喪失した「モノ」に対する「補償」には別制度があり、生活保護は関わらない。語りから再認識するのは、生活保護もまた、各世帯の生活を変える影響をもつことである。生活保護によって生活は支えられるが、生活細部におよぶ制約、特有の居心地の悪さが読み取れる。他者が関われるのは生活条件の整備までであるとして、その充実と改善が望まれるが、各人が望む生活への想像力も伴わなければならないであろう。

第7章は、単身高齢女性の四世帯を取り上げる。四人ともに、被災前から仕事をし、被災後は地域活動をしながら自らの老い先を考えていた。彼女たちの話には、家族・親族関係や友人関係などの助けがあったエピソードが登場し、そうした助けの中で被災後の困難期をしのいだり、生活再建に向かっていたりしていた。そのような意味で、4人の事例は、大きな困難に陥っているケースではないようにもみえるが、単身の高齢女性が、被災を経て一人で生きていく際に、いかなる関係や資源が重要になっていくのかを考えるヒントを与えてくれる。

第8章は、災害と脆弱性について、私たちの調査研究から明らかになったことをまとめたものである。

災害発生直後の被災者支援は、脆弱性の高さへの最大限の配慮が求められるが、中長期的な生活の復興段階においては、脆弱性の高い被災者の生活水準の引き上げは、被災者支援ではなく、日常で起こるリスクを対象とした社会保障制度によるべきであろう。

第9章は、二回の質問紙調査における自由記述データを分析する。全体的な悩みや困りごとの傾向としては、住まいや経済に関するものが多い。ただし、経済の悩みに絞ってみると、その中身には幅があり、持ち家取得の可能性がある層と、賃貸住宅を前提とする層とで悩みの質は異なる。見えやすくなってくる悩みと見えにくくなる悩み、優先される悩みとそうでない悩みの存在が示唆される。時々のニーズの現れやすさ現れにくさ、見えやすさ見えにくさを分析することは、同じような災害が起き、その後時間が経っていく中で、私たちがどういった点に敏感に目を向けていく必要があるのかについて示唆を与えてくれる。

最後に資料編として、質問紙調査である「二〇一三いわき市応急仮設住宅入居者調査」の結果概要を掲載する。

【註】

1　東日本大震災後は、問題意識をもった人たちの働きかけがあって、前の震災後よりましになった面はあったのだろうと思う。

2　木村玲欧他（2004、2006、2010）のように、復興カレンダーとして、被災者自身が、いつ災害の影響がなくなっ

資料A　質問項目　被災者

＊震災前の生活状況について
・住まい・食について
・家族・地域とのつながりについて（※子どもの教育について）
・社会とのつながりについて（ボランティア活動、当事者活動、PTA 活動……）
・身体状況、公的／社会サービス利用状況
・仕事について
・経済状況について（収入・支出、ローン、別居家族からの援助……）
・趣味・余暇活動について

＊被災直後の状況について
・住まい・食について
・避難・避難生活について（情報、避難の経緯、避難所での生活……）
・生活必需品の確保について
・身体状況、医療サービス／薬／介護用品／補装具について
・身体状況、公的／社会サービスについて
（・子どもの教育について）
・国や自治体からの支援について（安否確認、物資援助……）
・その他 NPO 団体、ボランティア等からの支援について
・災害時緊急支援の利用状況
・生活上の問題・不安だったこと、相談相手など

＊現在の生活状況について
・住まい・食について
・家族・地域とのつながり、社会とのつながりについての変化（※子どもの教育について）
・身体状況、公的／社会サービス利用状況の変化
・仕事についての変化
・経済状況についての変化
――それぞれの変化にどのように対応したか、対応するための情報源、公的／社会サービス活用されたのか
・現在の生活上の問題・不安、相談相手、余暇活動など

＊フェイスシート
・居住形態（応急仮設住宅・みなし仮設住宅・公営住宅・自宅）
・障害名／障害等級／障害程度区分／要介護度
・身体状況（受診状況／内服状況）
・経済状況（生活保護受給の有無、年金受給の有無）

資料B　質問項目　被災自治体・支援団体

＊震災前の状況について
・障害者・高齢者・母子世帯・生活保護世帯をとりまく状況について
・地域特性について
・地域における社会サービス等の利用状況について

＊震災直後の支援状況について
・被災された障害者・高齢者・母子世帯・生活保護世帯のおおまかな状況、抱えていた困難、ニーズについて
・震災発生直後の障害者・高齢者・母子世帯・生活保護世帯への支援について
（職員・スタッフの派遣、支援物資（食糧・水・介護用品・衣類・建設資材等）の提供、支援金の提供……）

※国や自治体による支援状況について
・その他 NPO 団体、ボランティア団体等からの支援状況について
・制度利用支援について（既存の社会保障制度は機能したか）
・緊急時災害関連支援の問題点（初動の遅れ、画一性……）について
・被災された障害者・高齢者・母子世帯・生活保護世帯を支援する上で困難だった点

＊現在の支援状況について
・被災された障害者・高齢者・母子世帯・生活保護世帯のおおまかな状況、現在抱える困難、ニーズについて
・現在行っている障害者・高齢者・母子世帯・生活保護世帯への支援について
（支援状況の変化、現在に至る経過）

※国や自治体による支援状況について
・その他 NPO 団体、ボランティア等からの支援状況について
・制度利用支援について（緊急時災害関連支援と社会保障制度の断絶と不整合について）
・現在、被災された障害者・高齢者・母子世帯・生活保護世帯を支援する上で困難である点
（制度利用にかかわること、支援対象にかかわること、行政と NPO・ボランティア団体等との連携……）

たか、選択してもらい、復興の時期を特定する試みがあり、そのような研究も重要と考える。

3 社会階層、社会経済的地位、職業、身分差別、人種、性差、障害の有無、健康状態、年齢差、移民の資格、属しているネットワークの質と大きさによる。

4 災害研究の全体像の把握にあたっては、菅磨志保氏（関西大学）より、ご教示いただいたことに依拠する部分が大きい。もちろん記述の誤りの責任はひとえに著者に帰する。

5 『河北新報』二〇一三年三月一〇日 東日本大震災二年／報道減少、風化の懸念／東大生産技術研・沼田助教調査。

6 たとえば、村嶋・鈴木・岡本編著（2012）は、震災直後の二〇一一年四月～五月に大槌町の全戸家庭訪問を行い「生活や心身の状況を把握し、健康問題を把握」し、その後の支援に繋げる試みをまとめたものである。岡田（2015）、荻野・蘭信編著（2014）も参照されたい。

7 阪神・淡路大震災以前でも、たとえば、三宅島の「帰島民調査」により高齢者の現状に触れた田中・サーベイリサーチセンター（2009）などがある。

8 仮設住宅や家賃補助の問題については岩永（2015）、障害を持つ人の移動支援のあり方については土屋（2014）も参照されたい。

9 先に述べたように被災地・被災者への調査は困難であるが、他方で、今次の震災では膨大なアーカイブスが作られ、これを分析する必要も感じる。たとえば、次の国立国会図書館のHP内にある「東日本大震災アーカイブ」を参照。http://kndlgojp/static/db?language=ja（二〇一八年一月一四日最終アクセス）

10 ただし、厳密に区別して調査票を配付できないため、八町村からの避難者、被災者から回答が得られた場合もあり、それは結果に含めている。

11 内藤三義は、阪神・淡路大震災時の仮設住宅入居世帯に、一人暮らし、母子世帯を含むその他の世帯が多いことを指摘する。仮設住宅からは資金力のある企業に勤めている者、相対的に若く、仕事をもっている人は早期に転出していくが、「仕事を失ったり、年齢や健康上の理由で仕事ができないために所得も少ない人びとなどが仮設に長期間住むことになる。被害を受けた人びとのなかでも、さらに社会的なハンディキャップをより多くもっている人びとが、仮設に残されていく。階層性をもって現れた被害が、さらに一層の階層性をもって仮設に凝縮することになった」という（内藤 1999: 278）。

12　一部、調査概要について本書の内容に合わせた加筆・修正を行った。

13　野際紗綾子氏へは、原稿に起こすことを前提に再度お話をうかがい、雑誌『支援』第3号にロングインタビューを掲載させていただいた。

【文献】

阿部彩 2007「日本における社会的排除の実態とその要因」『季刊社会保障研究』43（1）：27-40

相川美和子・増澤康男 2013『それでも未来へ――〈阪神・淡路大震災〉復興住宅単身高齢者へのききとり』報光社

林春男 2003『いのちを守る地震防災学』岩波書店

林春男・重川希志依 1997「災害エスノグラフィーから災害エスノロジーへ」『地域安全学会論文報告集』（7）: 376-379

岩永理恵 2017「『非日常』と『日常』をつなぐ普遍的な住宅政策を――東日本大震災、阪神・淡路大震災、生活保護から考える」『世界』（897）: 211-218

――― 2015「借り上げ仮設住宅から住宅手当へ――社会的弱者の「被災後」から「平常時」の生活を支える制度の探究」『貧困研究』14: 82-94

金持伸子 2010「災害弱者のその後」塩崎賢明ほか『大震災 15 年と復興の備え』クリエイツかもがわ: 56-59

――― 2002『阪神淡路大震災　被災者のこころをきく――西宮の被災者生活調査から』せせらぎ出版

村嶋幸代・鈴木るり子・岡本玲子編著 2012『大槌町保健師による全戸家庭訪問と被災地復興――東日本大震災後の健康調査から見えてきたこと』明石書店

内藤三義 1999「仮設住宅における生活実態」岩崎信彦ほか『阪神・淡路大震災後の社会学2　避難生活の社会学』昭和堂: 273-286

額田勲 1999『孤独死――被災地神戸で考える人間の復興』岩波書店

中澤秀雄 2012「三陸沿岸からみる災害地域再生の法的課題（前編）」教育×ChuoOnlin http://wwwyomiuricojp/adv/chuo/research/20120927htm 2015/02/25

岡田広行 2015『被災弱者』岩波書店

荻野昌弘・蘭信三編著 2014『3・11以前の社会学――阪神・淡路大震災から東日本大震災へ』生活書院

田宮遊子・土屋葉・井口高志・岩永理恵 2013「脆弱性をもつ世帯への災害の複合的影響――住宅・就労・ケア・移動にかかわる問題に焦点をあてて」『季刊社会保障研究』49(3): 299-309

田中淳 2006「災害弱者問題について」『消防防災』5(1): 40-47

―― 2007「日本における災害研究の系譜と領域」大矢根淳・浦野正樹・田中淳・吉井博明編『災害社会学入門』弘文堂: 29-34

田中淳・サーベイリサーチセンター 2009『社会調査でみる災害復興――帰島後四年間の調査が語る三宅島帰島民の現実』弘文堂

田中幹人・標葉隆馬・丸山紀一朗 2012『災害弱者と情報弱者――3・11後、何が見過ごされたのか』筑摩書房

辻勝次 2001『災害過程と再生過程――阪神・淡路大震災の小叙事詩』晃洋書房

土屋葉 2014「障害をもつ人への移動支援のあり方の検討――東日本大震災後の移動をめぐる現状に焦点化して」『愛知大學文學論叢』150: 146-125

東日本大震災後の生活再建支援研究グループ 2014『いわき市内被災者状況調査報告（概要版）』

Wisner Ben and Henry R Luce 1993 Disaster vulnerability: *Scalepower and daily life GeoJournal* 30(2): 127-140

Wisner B et al 2004 *At Risk: Natural hazards people's vulnerability and disasters 7* ＝（岡田憲夫監訳）2010『防災学原論』築地書館

「東日本大震災被災者支援における国際NGOの活動――調整・連携を通じて効果的な支援の実現を目指す　難民を助ける会・野際紗綾子に聞く」（聞き手／土屋葉・井口高志・岩永理恵）『支援』3: 236-273

第1章

障害者世帯とケア

非常時における福祉サービスのあり方から

土屋　葉

1　はじめに

二〇〇六年の障害者自立支援法（現・障害者総合支援法）の施行により、障害福祉サービスが、どの地域においてもある程度までは行きわたることになり、障害のある子どもから大人まで、各種のサービスを受ける人が増加していることが推測される[1]。何らかの支援やケアを必要とする障害者・児のいる世帯の生活は、今や福祉サービスの利用を抜きにして考えることはできないといってよいだろう。

被災地域における障害者・児世帯も、さまざまなかたちで地域の福祉事業所が提供する福祉サービスを利用していた。だからこそ、災害直後からやや時間が経過した後まで、事業所の動向は、障害者・児世帯に少なくはない影響をもたらした。たとえば後で詳しく触れるように、震災直後には通所施設が被災した障害者の受け皿として機能したほか、訪問系事業所などが利用者の安否確認の役割を担ったりした[2]。逆に、事業所が福祉サービスを一時中断したことにより、生活に困難を抱えた世帯もあった。介護保険制度も創設されていなかった阪神・淡路大震災時と比較すると、これらの事業者や施設が果たした役割や世帯に与えた影響が大きなものであることがわかる。

本章では、障害者世帯と、この世帯が利用する事業所によるサービス（施設入所支援、短期入所〔ショートステイ〕、生活介護、就労継続支援〔A型、B型〕、放課後等デイサービス等）に焦点をあてる。そして、東日本大震災後に事業所によるサービスと障害者世帯をめぐって生じたことについて、主に障害のある人と共に暮らす家族、および福祉サービスを提供する事業所に所属する支援者への聴きとりから考えていきたい。

2では、震災直後に事業所や福祉施設が果たした役割について考える。そのうえで3では震災後の家族によるケアと福祉サービスによるケアとの関係、とくにケアの受けわたしについて考える。4では震災後、人びとが福祉サービス利用の継続を中心として、生活の立て直しをはかろうとする様子をみていく。5ではあらためて障害者世帯におけるケアのあり方について考えていきたい。

2　事業所および福祉施設が果たした役割

（1）一時的な避難所としての役割

震災直後には、福祉施設が避難所として大きな役割を果たしたことが知られている。福祉避難所[3]として指定されていた施設にはもちろん被災した障害者や高齢者が二次的に避難したが、震災以前には、多くの人はその存在や場所について知らなかった（全国社会福祉協議会障害関係団体連絡協議会 災害時の障害者避難等に関する研究委員会 2014: 2）[4]。そのほかに、被災した人びとを受け入れ、後追い的に福祉避難所指定を受けた施設が多くあったようだ[5]。震災前からの利用者のみならず、地域の人に場所や物資を提供するなどしたところもあった（東京都社会福祉協議会 2012: 19、東京都社会福祉協議会 2013: 35、藤野 2016: 225）[6]。

地震の発生時刻が午後三時前だったため、デイサービス等を提供していた施設の多くでは、利用者が帰宅準備を始めるところだった。ある施設では、余震がやや落ち着いてから送迎の車両を出発させたが、津波に気づいて高台に避難したり、道路が通行止めで施設に戻ってきたりした。施設で待機したが、家族と連絡が取れなかったり迎えが来なかった人は、施設に留まることになった（東京都社会福祉協議会 2012: 18）。

知的障害および身体障害のある二〇代前半の息子の母親である宮津さんは、息子が震災当利用していた通所施設に、長期にわたって留まったことを語った。宮津さんの自宅は半壊の被害を受けたため、息子が帰宅することは難しかった。そこで、通所での利用からショートステイ利用へ切り替えてもらい、三週間にわたりその施設に留まったという。施設には備蓄の食料もあり、また数日後には、普段から付き合いのある業者から毛布やおむつなどの支援物資を受け取ることができたため、生活に困ることはなかったようだ。

男性の姉である日下部さんは、たまたまこの施設の職員として勤務していた。日下部さんによれば、慣れた場所であったためか、本人も終始安心した様子で過ごしていたという。

「ふだんから行ってる場所だから、まわりの、入所している利用者さんたちから、いつも通ってる利用者さんとかも気にかけてくれたりとか（が）あったので。むしろ当日、何回も余震があったんですけど、疲れたのかうとうとする余裕があったりして。けっこう、いっぱい人がいるから大丈夫と思ったのかもしれないですね。」（2012/8/17）。

また、身体障害のある三〇代前半の男性、大堀さんも、震災当日は通っていた通所施設に留まった。当時は賃貸住宅の三階の部屋に一人で住んでいたが、エレベータが止まっており帰れる状態ではなかった。急きょ施設でヘルパー派遣を受けられることになり、一週間ほどそこで過ごしたという。一度だけ同じ市内にある実家に帰ったが、親は仕事で忙しくしていた。介助の面でも心配があったため一晩で施設に戻ってきた。大堀さんは親よりも、普段から慣れているヘルパーの介助を受ける方が安心だったと語っている。

上記の二者は、日常的にサービスを利用していた人が、偶然の要素はあるにせよ、災害時にも適切な支援を得られた例としてみることができるだろう。

(2) 施設の混乱・職員の疲弊

もちろん、施設に勤務する人もまた被災者であった[7]。行方不明の家族を探したり、あるいは移動手段やガソリンを確保できないなかで出勤して利用者のケアを行わなければならず、職員の疲弊は大きかったという(安藤 2012: 119)。

施設職員として勤務していた、既出の日下部さんは、「混乱はやっぱりありましたよね」と語った。震災直後は、通常の入所支援をしている利用者約五〇名に加え、生活介護の利用者八名が施設に残り、さらにその日の夜中からは一般の避難者を受け入れるという「非常事態」で、「普段どおりでの施設ではない」状態になった。出勤できない職員もおり、「最低限の人数でまわしていくことが大変」だったという(2012/8/17)。

また、原発避難地域においては、入所施設や病院に入院している人たちが避難に大きな困難を抱えたことは指摘されている。原発避難命令が出た地域では、施設職員が、家族と連絡のとれない人と共に、何週間も行動を共にしたケースもあった(中村 2012: 121)[8]。

福島県内の事業所で非正規の職員として勤務していた七海さん[9]は、自動車で三〇分程度の実家に避難した。ガソリンが確保できなかったため、そこから自転車で二時間かけて仕事先に向かった。七海さんは二人の子どもがいるシングルマザーである。自宅の被害はそれほど大きなものではなかったが、余震もあるなかで子どもを「二人で置いておくのは無理」だが、「実家に預ければなんとか働ける」と思い、即座に実家への避難を決めたという。

その後、勤務先では遠方への避難を行うことになった。当初は子どものことを考え躊躇していたが「連れてきてもかまわない」と言われたため共に避難することを決めた。しかし避難先でも忙しく立ち働き、七海さんも子どももストレスのたまる生活となった。子どもは避難先から戻ったあと、円形脱毛症になり、しばらくのあいだ、七海さんから片時も離れなくなったという（2013/4/22）。

（3）在宅の障害者への対応

一方で事業所は、在宅サービスの利用者への福祉サービスをやむを得ず一時停止するなどした（藤野 2016）。またある地域では、施設が避難所として利用されていたため、震災前からの利用者が通所サービスを使えない状況も起きた（東京都社会福祉協議会 2012: 22）。すでに阪神淡路大震災が発生した際に、「震災により介護者とのつながりが絶たれた」障害者が、日常生活に大きな支障を抱えたことが指摘されている（三重他 1996: 115）が、単身で暮らす障害者はもちろん、障害者と共に住む家族にとっても、こうしたサービスの中止は大きな影響を与えただろう。

福島県内の事業所職員である浅田さんは、震災直後の状況について語っている。当日は一人暮らしの利用者の自宅を中心にまわり、福祉センターに避難させるなどの支援を行ったという。一方で、家族と同居する利用者には、ガソリン不足と原発事故の影響もあり、一週間から一〇日程度、外出を含む支援を停止した。また、経管栄養などが必要な利用者の自宅をまわってはいたが、家族と同居している場合には、家族がみるよう依頼したという。浅田さんは当時を振り返り、「もう少し何とかならなかったかという思いはある」と語っている。(2012/8/29)。

非常事態であるのだから、障害者のケアは一時的に家族が行えばよい、という考え方もあるだろう。しかし、その家族も被災しており、予期せぬ出来事に対応しなければならない状況にある。そのうえ、普段であれば事業所と分かち合って何とか成立させていた障害者のケアを、家族のみ(ことによっては一人)で行わなければならない。家族の負担はいうまでもなく大きくなり、長期にわたればそれが蓄積し疲弊していくことは容易に想像できる。

ただし、在宅で暮らす障害者に対応した施設もある。その一つが南相馬市の「デイさぽーと　ぴーなっつ」である[10]。食べ物もなく、病院も閉鎖して薬が手に入らない、「屋内退避」の指示が出ていたため外出もままならない、ヘルパーも来ない、デイサービス等も休止、相談支援事業所も閉鎖、といったなかで家族の負担が大きくなった。「それまで障害者福祉サービスにつながっていなかった人も、極限の生活状況に家族がギブアップし、支援ニーズは増大」したという。「ぴーなっつ」は、全国からの支援をこの地域に展開する拠点となり、支援物資や情報を提供したり、以前からの利用者ではない人も含め、在宅の障害者を訪問するなどの活動を行った。

「ぴーなっつ」の利用者も、避難所にはほとんど行っておらず、生活環境が激変したため状態が悪くなっていた。そこで、四月一一日に県からは「再開するなら自己責任で」といわれるなかで、「ぴーなっつ」および就労継続支援B型の「ビーンズ」を再開することにしたという。法人全体での職員は二一人から五人に減っていたが、ボランティア等による支援が得られた。この二つの施設は、行き場を失くしていた障害者とその家族の受け皿となったといえるだろう（東京都社会福祉協議会 2013: 50-8）[11]。

3　恒久的な生活の受け皿としての施設

施設入所しており、施設の建物などに大きな被害がなかったため生活にほとんど影響を受けなかった人もいた。星野さんによると、四〇代前半の知的障害がある息子は、ごく幼少の頃から星野さんの自宅近くの入所施設で暮らしており、週末に星野さんらが住む家に帰って来るという生活を続けていた。星野さんは自宅が被災し、借り上げ仮設住宅に入居したため、彼が週末に帰る場所は変化したものの、施設に被害はなく、生活そのものへの影響はなかった（2014/3/2）[12]。

立木茂雄は「立地が安全であれば、施設入所者の方が在宅で暮らすよりも災害脆弱性が低かった」（立木 2013: 14）ことを指摘する。つまり、施設では複数の介護スタッフにより緊急時の対応が取られるため、在宅で介護者（家族）がいない、いても介護者も障害があったり体力がないなどの場合よりは、適切に対応できるのだという。

ところで、先にも触れたように、震災をきっかけとして、家族内でケアをする人の負担が増加することである。岩手県立大学の介護者の生活実態調査によると、震災後、家族介護者の介護時間が大きく増加したという（岩手県立大学社会福祉学部 2012: 18）。この理由としては、ケアを受ける人の心身状態が悪化しケアの総量が増加する[13]、福祉サービスの一時中断のため、ケアが家族に集中するなどがある。また、もっぱらケアを行っていた人が亡くなったり体調を崩したりすることによりケアが一人の担い手に集中し、その結果ケアを受ける人が施設に入所する場合もある。

地域で暮らしていたが、入所施設に移行した田崎さんの娘の例をみていきたい。田崎さんは震災前は妻、三〇代前半で知的障害のある娘の三人で暮らしていた。娘は通所施設に通い、三ヶ月に一度はショートステイを利用していた。震災の日、迎えのバス停に行く途中で自宅に寄った妻が津波に巻き込まれ死去。田崎さんは娘と共に一日だけ避難所に行ったが、トイレの問題があり「とてもいられなかった」ため、親せき宅を転々とした。その後、通所施設を運営する同じ法人の入所施設に申し込みをして、受け入れられた。田崎さんは「あとみる人いなくなっちゃうし。仕事もこれじゃあダメだと思って施設に預けた」と語っている。田崎さんは震災前に勤めていた職場を退職し、二〇一二年九月から新たな仕事に就いている。「仕事もあるし、これから年が年だしね。みられるだけはみようと思ってんだけども。まあ一緒に住みたいっつ気はあるんだけど」（2014/3/3）と言う。

震災により主たるケアの担い手が失われ、混乱のなかで田崎さんにケアの負担が集中した。おそらく疲労が蓄積したことも影響して、外部へのケアの受けわたしが行われたといえるだろう。ただし、障害のある子どもをもつ親の多くが、将来の生活の現実的な選択肢として施設入所を視野に入れており、震災がそれを早めたとみることもできる。これについては後述する。

4　サービス利用継続を前提とした生活再建のための画策

すでに述べたように、障害のある人がいる世帯では、通所施設の利用や在宅での福祉サービスの受給は、生活していくうえで欠かせないものとなっている。ここからは、震災後、これまでと同様の環境を維持するため、とくに福祉サービスを受給することを軸として生活再建をはかろうとする例をみていく。

(1)「ここから動けない」

丸山さんには、療育手帳(A)をもち、身体障害もある一〇代前半の孫がいる。震災時は孫の母である娘、夫と共に暮らしていた(夫は二〇一三年八月に死去)。シングルマザーである娘は就労しており、丸山さんが孫をケアしてきた。震災後、孫は娘とともに一時新潟に避難したが、借り上げ仮設住宅への入居が決まり、戻ってきた。借り上げ仮設住宅は、通常は自治体から場所を指定されるが、この世帯は「この地区でなきゃだめなんです、っていうことで」申し込んだという。「この地区」というのは、孫の特別支援学校の送迎バスの運行ルート沿いにあるZ地区を指す。丸山さんは、市にバスが停まるところが決まっていることを伝え、現在の住宅を紹介してもらったのだという。

さらにZ地区にこだわる理由があった。孫は、ある施設に九年ほど通っており言語訓練などを受けていた(二〇一二年時点では放課後デイサービスを利用)。丸山さんはこの施設のスタッフに、男性のことを相談するなどで長期にわたり支えられてきた。「地域に何か所もないんで。だから私はこっから動かない。向こうの地区離れちゃうと、日中支援もなんにもできないんで。朝お迎えに来てくれるし、土曜日なんかは。海岸の方までお迎え行けないよって言われるんで、だからここ限度」(2014/3/4)。

自家用車をもたない丸山さんにとっては、孫が学校や施設に通うための送迎バスのルートからはずれる場所に住むことは考えられなかった。住まいの選択にあたっては何よりも、孫の通学・通所先の継続を優先させ、それにより生活を再建していこうとしていたことがわかる。

(2) 生活基盤の維持

坪井さんは、二〇代後半で療育手帳(B)を所有し、養護学校を卒業後、障害者枠で就労していた娘と、震災当時一〇代後半で、特別支援学校中等部を卒業間近だった療育手帳(A)を所持する息子の二人の障害のある子どもの母である。

震災後、親戚宅を二軒および市の避難所をわたりあるいた後、二〇一一年六月、ようやく借り上げ仮設住宅に入居した。ここに移ってから、娘は同じ系列の会社にやはり障害者枠で移ることができ、息子はバスと電車で通える範囲内であったため、特別支援学校高等部に通学することができた。

坪井さんらは避難指定区域であるYから避難してきており、これが解除された後そちらに戻るかどうかを悩みつづけていた。結局、仮設住宅のある地域で生活を落ち着かせようと考えたのは、二〇一三年に入って、息子が高等部三年生になり、卒業後の生活が具体的に視野に入ってきてからであったという。

避難元のY地域に戻ることを躊躇していた理由は、まず息子の就労(通所)先がないことだった。「本人に合ったところがなかなか見つけられないっていうのもあって」。近隣に就労（通所）先がなければ、異なる事業所（施設）が候補となるが、その送迎ルートからは外れているため自力で通わなければならない。しかもその際の交通費は事業所からは支給されない可能性が高い。さらに「電車の本数が少ない」。通う場所と時間によっては二時間に一本しか運行していない電車利用がむつかしいことは想像に難くなかった。かといって坪井さんが送迎を担当すると「今度、私が仕事なくなっちゃう」ことになる。これらを総合すると、現在の居住地が一番よいと思えた。その後「本人がやりたい」と希望する作業を行っている場所を探した。希望どおり、今のすまいから近く、交通の便もよい就労継続支援B型の施設に通うことになった（2014/3/3）。

坪井さんによると、希望する施設に通うことは簡単ではなく、息子の同級生には「預けるだけ、みててもらうだけみたいな」生活介護の事業所に通う人もいる。そうした人からは「坪井さんはいいよ、就職できたんだから」と言われたという（2016/2/26）。

現在の場所にとどまりたい理由がもう一つあった。それは、娘が現在の職を失うというリスクを回避したいことである。娘は現在、正社員としての収入を得ており、世帯の家計にとっては大きな収入となっている。遠方への転居が決まれば、職場の移動は認められず、失職する恐れがあった。

何よりも、避難生活を続ける間に、二人の生活の基盤が確立したことがある。娘にとって勤務先へ自転車で一〇分、徒歩でも三〇分弱で行くことができ、息子にとっても施設に自力で通所できる場所である。「Y（地域）に戻るっていうとやっぱり二人とも顔色変わっちゃうんで。戻りたくないんだなと思って」という言葉からは、現在の彼らの生活スタイルを崩したくないという、坪井さんの思いが読みとれる。

「わたし一人だったらね、Yに帰ってもいいかって思うんですけど、やっぱり二人（が）いると。仕事がなくなっちゃうと。障害者を一人うちに置くわけにいかないしね」と語られるように、どこを生活の拠点とするかの決定は、障害のある二人の置かれた状況に大きく左右されたことがわかる（2014/3/3）[14]。

ところで、当初から借り上げ仮設住宅の期限は気にかかっており、その期限が来たときに、この地域に住み続けられる手段がないか、坪井さんはずっと模索しつづけていた[15]。できればこの地域の公営住宅に住みたいが、申し込みをしても抽選に漏れるリスクがある。民間のアパートは賃料が高いため、生活していけるかが不安であった。

結局、二〇一六年秋になってようやく、借り上げ仮設住宅の付与期間が切れた後も居住は可能であること、その後の家賃は駐車場代を含め四万円弱となる予定であることが提示された。家賃は大きな負担となるが、息子と娘のために、やはりここに留まることにしたと語られた。坪井さんはアルバイトを一つ増やして、増える支出に対応しようとしている（2016/11/28）。

（3）将来の施設入所を見越して

丸山さん、坪井さんのように、比較的若年の障害のある人がいる世帯では、その通所先などを確保することを優先し、避難先や住む地域を選んでいたことをみた。ただし、障害のある人がずっと地域で暮らしていくことを想定しているわけではなく、近い未来には施設への入所を考えていることも語られた。

祖母である丸山さんは、孫が将来的には施設で暮らすことをイメージしている。娘は若くして結婚したが、孫の障害が理由で離婚し、幼少だった孫に対する「ネグレクト」状態が三年半ほど続いた。その経験から娘には孫の養育を任せられないという思いがある。将来的には孫が年金を受給したり、現在通う場所の関連施設で働いて工賃を得るなどし、その収入で自活あるいはグループホーム等で暮らすことができるのでは、と考えている。丸山さんは通所施設に、現在の居場所としてのみならず、将来を見据えてつながりを維持しておくという意味を見いだしているようだ（2014/3/4）。

坪井さんは、一〇年後に三〇代となる息子を、自分がケアできるかが心配であるという。娘の障害は比較的軽度であり、支援を受ければ一人暮らしができると見込んでいるが、彼女が弟と二人で暮らすのは無理だろうと考えている。このため息子の施設入所も視野に入れ、支援相談員に相談しているという。「わたしも年齢的なものもあるので、将来的にはこういうところに入れてみたいとは思います、みたいな感じは、話はもっていきます」という。ただし坪井さんが施設の話をすると息子は「そっちに入れられると思って」「顔色（が）変わります」というように、施設入所が好ましいとは思っていないようだ（2016/2/26）。

3でみた田崎さんの例では、妻が生きていれば娘のケアを妻に任せ、自らは仕事をするというかたちでの生活が、しばらくは可能だったかもしれない。しかし、「年も年だし」「みられるだけはみようと思って」という言葉からは、ゆくゆく親の年齢が上がっていったときの娘の施設入所は、震災前からすでに視野に入っていたことがうかがわれる。

共通するのは、障害のある人について、まずは親をはじめとする家族が、限界まで世話・ケアをすること、それが困難になった場合をつねに念頭に置きながら、日々の暮らしを営んでいるということだ。

本人の将来に関連して、きょうだいがいればかれらの動向に言及されることもある。坪井さんは離れて住む他の子どもについて「戻って来いって、強くは言っていない」と、息子と娘についての責任を負わせるつもりはないことを暗に述べている（2016/2/26）。また田崎さんは、やはり他の子どもが娘を「みてくれるならいいんだけども」と言いつつ、遠方に住んでいることなどを理由とし「あてにならない」と述べた（2014/3/3）。このように、きょうだいは常に、ケアラーとして候補にはのぼるものの、実際にケアを担うことは多くはないようだ。

障害のある子を持つ親は「子どもの一生に責任を持つ義務がある」と考えているという（新藤 2013: 70）。しかし、子どもの将来として「親元か入所施設かの二者択一」しかイメージできず（森口 2015: 99）、体力的に不安を感じ、ケアを外部へ託さざるを得なくなったときには、必然的に後者が選択される[16]。この背景には「親亡き後の不安」がある（麦倉 2004: 84-5）。田崎さんのように、震災後、ケアが家族から施設に受けわたされた例も、実は震災という出来事はきっかけにすぎず、従来からある「親亡き後」の問題を背景として、施設入所が「選択」されたことがみえてくる。

5　背景としての「親亡き後」の不安

震災後に事業所による障害福祉サービスと家族をめぐって生じたことを、やや長いスパンでみてきた。震災直後、通所施設は（福祉避難所として指定されてなくとも）、家や帰る手段を失った利用者が、慣れた複数の職員による支援を得られるという意味で、かれらの避難の受け皿となった。ただし施設は混乱し、職員の負担は通常の業務に加えて大きくなった。逆に在宅や自宅に戻った利用者は、避難所となった通所施設が利用できなかったり、在宅サービスが中断された場合もあった。災害時に避難の受け皿となる施設および訪問系事業所に対する、支援体制構築の検討が喫緊の課題であろう。近年行政や民間団体等により、災害派遣福祉チーム（DCAT）が組織されつつあるが、こうしたチーム派遣も一つの手段となることが期待される[17]。

施設に入所していた人にとっては、建物自体が甚大な被害を受けなかった場合には、複数の職員による緊急時の対応がとられるため、大きな生活の変化もなく、安全な場所として機能した（地域の住民や障害者を受け入れた場合には、利用者の生活レベルは一時的に落ちる恐れはある）。ただし、これが「障害者は施設収容するべき」という主張につながるわけではないことには注意が必要である（立木 2013）。

以上のことから、緊急時の福祉サービスのケアの担い手の確保といった課題は残されてはいるものの、東日本大震災の直後には、通所施設および入所施設が、緊急時の障害のある人の行き場として、有効に働いたということができる。

さらに、子どもが若年である場合には、通所施設等の継続利用を前提として、住む地域の選択や生活再建が行われていたことをみた。このことは、震災前からの社会福祉サービスが、障害者世帯の日常生活にとっては欠くことのできないものであり、震災という出来事を経ても、一貫して世帯の生活を保障するものとして機能していることを示している。

ただし、この背景には、障害のある子どもの通学・通所／通勤先の選択肢の少なさがあることは指摘しておく必要があるだろう。障害のない子どもがいる世帯についても、震災後の居住確保の際、希望する仮設住宅に住むことが叶わず、転居に伴い学校やお稽古ごとなどの通い先を変更せざるを得ない局面が生じたこともあっただろう。この際、それを避けるために家族が送迎するという手段がとられたかもしれない。しかし、障害のある人の場合には、すでにみてきたように、そもそも通う場所の選択肢が少ない。それに加えて、送迎の手段がない、家族員が少ない、家計状況が悪いといった複合的な要因が、子どもの学校や通所先の確保・維持や、これを軸とした居住地の選択への強いこだわりをもたらしていた。

最後に、家族から入所施設へのケアの受けわたしについて考えてみたい。当初私は、震災による何らかの影響により、地域生活をしていた人が施設に入所せざるを得なかったケースを想定していた。しかし、震災はきっかけにすぎず、震災前から家族は、子どもの成人後や、親の加齢にともなうケアの限界を見据えて、施設入所を想定していたことがみえてきた。このことは、震災直後自宅に取り残され、福祉サービスの一時中断によって、ケアの負担が増して疲弊した家族の問題とも、直接的に結びついている。いいかえれば、これはいわゆる「親亡き後」の問題でもある。障害のある子どもをもつ家族が、子どもの将来的な生活を想定するうえで、親に代わる地域でのケアのあり方が想定できない不安は、どの地域に住む家族も抱えている。震災の影響とはまた別のものとして、平時からの福祉サービスと家族のケアのあり方を考えていく必要があることを、あらためて強調しておきたい。

■註

1 「生活のしづらさに関する調査（全国在宅障害児・者等実態調査）」（二〇一一年、厚生労働省）の結果では、「自立支援法」（当時）の利用者は、全体の三〇・二％（六五歳未満）であった。第四期障害者福祉計画では、「訪問系サービス」「日中活動系サービス」「居住系サービス」とも利用者数及び量は軒並み増加している（『障害者白書（平成二九年版）』。障害児通所支援についても増加傾向にある（厚生労働省「障害児支援について」（2015/9/9 資料）。 http://www.mhlw.go.jp/file/05-Shingikai-12601000-Seisakutoukatsukan-Sanjikanshitsu_Shakaihoshoutantou/0000096740.pdf

2　訪問系事業所（訪問介護、訪問看護）の約八割が、利用者の安否確認や心身状態の把握等を行っていた（東北福祉大学 2013: 313）。高齢者分野の例ではあるが、宮城県仙台市では、介護保険指定事業者がサービスを利用している高齢者の安否確認をいち早く行ったことが注目される。仙台市が居宅介護支援事業者、訪問看護事業者、小規模多機能型居宅介護事業者に対して、被災六日後の三月一七日にファックスによる利用者の安否確認調査を実施した結果、対象事業者数三六一のうち九二事業所（八〇・九％）が回答し、サービスを提供している利用者数二万一四八〇名に対して、安否確認が取れない者が七名、死亡した者が一三名のほかは、ほとんどの安否確認が終了していた（白澤 2012: 162）。

3　主として高齢者、障害者、乳幼児その他の特に配慮を要する者を滞在させることが想定される、災害対策法の基準に適合する避難所のこと。

4　福祉避難所が、隔離・収容型施設としてあらわれたとする批判もある（青木・権田 2011）。

5　岩手県・宮城県・福島県では、東日本大震災前に福祉避難所指定を行っていた市町村はそれぞれ四、一四、一一、避難所数は一八、一七七、三七であった。震災後開設した市町村はそれぞれ一二、二四、不明、開設避難所数は六五、一五二、不明であった（細田 2016: 262）。宮城県「東日本大震災～保健福祉部災害対応・支援活動の記録～」より「第七章　災害時要援護者支援対策（福祉避難所関係）」 http://www.pref.miyagi.jp/uploaded/attachment/121779.pdf　福島民報（2016/10/10）「福祉避難所確保の市町村　応援体制整備二割のみ」

6　福島県内の事業所職員浅田さんによると、障害者が避難所へ避難するのはむつかしかったため、この事業所では、介助の必要な人を中心に福祉センターに避難するように誘導した（一般の人たちには他の避難所に移ってもらった）。集まった三〇～四〇人のうちの約三割は、事業所の利用者ではない人だった。事業所の通所施設を一時閉鎖し、男性二人、女性二人の職員体制でローテーションを組んで介助を行った。のちに市に要請し、福祉避難所として指定された（2012/8/29）。

7 藤野好美は震災時の入所施設が行わなければならなかった業務として、被害状況の確認、利用者の安全の確保、指示系統の確立、避難者の対応、地域の人とのやりとり、出勤していない職員の安否確認、移動手段の確認・確保、食材や燃料の確保、備品のチェック、数日間の勤務体制の作成、行政とのやりとり、情報収集を挙げている。通所施設についてはこれに、利用者を自宅に帰す手段の検討及び帰宅できない利用者のケアや生活場所の確保、利用者家族と連絡をとる手段の確保が加わる（藤野 2016: 227-8）。

8 ある事業所では一緒に避難した利用者の最後の一人を家族が迎えに来たのは震災後一〇日目だったという。家族の大半はその日のうちに迎えに来たが、連絡をよこさない家族もおり、「職員も避難を余儀なくされているが、誰かに世話をお願いすることもできない。無事に行動を共にできたからよかったものの、やはり家族には真剣に探して欲しかった」という（中村 2012: 121）。

9 母子世帯の当事者として話を聞いたが、事業所の職員として勤務していたため、本章でも引用している（第３章参照）。

10 南相馬市は三月一六日の夜に全市民に市外への避難を呼びかけ、翌一七日には市内の病院がすべて閉じられたが、障害者やその家族が多く自宅に残った。

11 いわき市のＮＰＯ法人いわき自立生活センターも、訪問介護を行うヘルパーのためのガソリンを確保し、訪問介護を継続させた（長谷川 2011）。

12 施設が被災者の受け入れを行っていた場合には生活に変化があったかもしれないが、そのことには言及されていない。

13 中村健は、震災後約一〇ヶ月以内の被介護者の心身の状態は、七割強の人が「悪化した」と感じていたと述べる。その理由として、震災による精神的影響や、避難所や仮設住宅での環境的要因による不適応や機能低下などを挙げている（中村 2012: 61）。

14 坪井さんは、帰ったとしても落ち着いた頃に再度原発事故が起きるのではないかと心配し、「また避難だよってやられるのも嫌だし」とも語っている（2016/2/26）。

15　当初は二〇一五年三月までと決められていた借り上げ仮設住宅の付与期間は、幾度かにわたって延長され、二〇一六年一月二四日付の通達で、二〇一七年三月までとされた（福島県ＨＰ「東日本大震災に係る応急仮設住宅の供与期間の延長について」http://www.pref.fukushima.lg.jp/sec/16055b/260528-kasetukyouyoencyou.html）

16　ただし森口弘美は、実際に自宅からケアホームやグループホーム、福祉ホームに居所を移した知的障害者の、支援を受けながらの生活が次第に安定すると、その家族たちは、不安や心配・葛藤を解消させていくことを指摘している（森口 2015: 105）。

17　毎日新聞（2016/5/16）「熊本地震　南阿蘇で活躍　大船渡の「ＤＣＡＴ」とは」など。サービスを提供する施設職員などが、緊急事態においてどこまで職業倫理を貫くべきであるのかという根本的な問題についても、今後、議論が行われる必要があるだろう。

■文献

安藤明彦 2012「仙台つどいの家でおこったこと」田中総一郎・菅井裕行・武山裕一編著『重症者の防災ハンドブック――3・11を生き抜いた重い障害のある子どもたち』クリエイツかもがわ：111-127
青木千帆子・権藤眞由美 2011「「福祉避難所」成立の経緯」http://www.arsvi.com/2010/1110acgm.htm
藤野好美 2016「震災時の福祉施設・事業所の職員が置かれた状況と葛藤について」藤野好美・細田重憲編『3.11東日本大震災と「災害弱者」――避難とケアの経験を共有するために』生活書院：254-307
長谷川秀雄 2011「地震・津波・原発事故からどう生き延びたか」『難病と在宅ケア』17（3）：4-7
岩手県立大学社会福祉学部 2012「被災地で介護している人の生活実態」ＮＰＯ法人介護者サポートセンターアラジン『被災地のケアラーとこれからのケアラー支援』：15-41

三重利典・中田正義・金京冨・竹下義樹・井木ひろし 1996「被災障害者の人権」近畿弁護士会連合会『阪神・淡路大震災人権白書――高齢者・障害者・子ども・住宅』明石書店：75-126

森口弘美 2015『知的障害者の「親元からの自立」を実現する実践――エピソード記憶で導き出す新しい枠組み』ミネルヴァ書房

麦倉泰子 2004「知的障害者家族のアイデンティティ形成についての考察――子どもの施設入所にいたるプロセスを中心に」『社会福祉学』45（1）：77-87

中村雅彦 2012『あと少しの支援があれば――東日本大震災障がい者の被災と避難の記録』ジアース教育新社

新藤こずえ 2013『知的障害者と自立――青年期・成人期におけるライフコースのために』生活書院

白澤政和 2012「被災地域での生活支援に関する提案――ソーシャルワークの視点から」桜美林大学国際学研究所編『東日本大震災と知の役割』勁草書房：157-168

立木茂雄 2013「高齢者、障害者と東日本大震災――災害時要援護者避難の実態と課題」『消防科学と情報』111: 7-15

東北福祉大学 2013『東日本大震災後の要援護者の行動実態と支援実態に関する調査・研究事業』（平成二四年度セーフティネット支援対策等事業費補助金）http://www.tfu.ac.jp/research/earthquaq/project_h24/report.pdf

東京都社会福祉協議会 2012『高齢者、障害者、子どもを支えた人たち』（災害時要援護者支援ブックレット①）

――― 2013『続　高齢者、障害者、子どもを支えた人たち』（災害時要援護者支援ブックレット②）

全国社会福祉協議会障害関係団体連絡協議会　災害時の障害者避難等に関する研究委員会 2014『災害時の障害者避難等に関する研究　報告書』http://www.shakyo.or.jp/research/2014_pdf/20140530_jisedai.pdf

コラム1

「少しの蓄えを崩していく」暮らし

いわき市でのインタビュー調査は、さらなる調査に応じるとご回答いただいた世帯のなかから、とくに高齢者世帯、障害者世帯、生活保護世帯、一人親世帯などを抽出し、直接電話などで連絡をとるところからはじまった。

そうして快く訪問を許してくださった世帯のひとつが星野さんの世帯だった。調査票には世帯員の一人が障害者手帳をもっていると書かれていたため、「障害者世帯」という枠での訪問だった。

休日の朝一番に借り上げ仮設住宅の一室を訪れると、整頓された部屋で六〇代後半の男性が迎えてくれた。電話からは強面の男性を想定していたが、コーヒーを淹れてくれるなど、私たちを細やかに気遣ってくれた。世帯構成をうかがったところ、息子と妻の三人で暮らしており、息子は別室でまだ寝ていて、妻は別居の娘世帯の手伝いに行っているという説明があった。

その内容は、返送された調査票とはやや異なっていたが、それまでも正確に家族構成が記入されていない例があったため、そのまま質問をつづけた。ただ、震災前から三人世帯で暮らしていたかを確認すると「ええ、かわりないです。ええ」と確信的な答えであったのに対し、「お子さんは娘さんと息子さんのおふたりですか」という質問に、「そうそう、二人かな」とやや曖昧に思える言葉が返ってきたのが気になった。

星野さんは中学卒業後、林業関係の仕事をしていたが、若いときに肛門の筋肉を損傷した後遺症で立っているのが辛い、また一〇年前に患った脳梗塞で目があまり見えないという。震災後、ちょうど切り替えがあり仕事を失い、今はあまり外にも出ないと語った。しかし星野さん自身は障害者手帳はもっておらず、ほかの世帯員もまた、手帳を有していないとのことだった。

しばらくお話をうかがっていたが、もう一人の聞き手が、やはり気になったのだろう、唐突に調査票のコピーを差し出しながら、記入していただいたものには「子ども」が「サービスを利用している」に○を付けたのちに×にされており、「で、手帳を持ってるとか、丸がついてるんです」と問いかけた。これに対し星野さんはやや話しづらそうに、これまでまったく触れてこなかった話をはじめた。「ああ、それ、なんていうか、息子いんだよ、障害者なんだ」。

私たちはその答えに驚き、「ああ、そうなんですか」と間抜けな相づちをうった。もしかしたら、こちらからさらに質問を重ねなければ、「もう一人の息子」の存在は語られなかったのかもしれない。

その息子は、幼い頃から現在まで近くの入所施設で生活をしており、施設は震災の被害もほとんどなかったのだという。行事や面談などで施設にはしょっちゅう訪れ、また週末には息子が星野さんの借り上げ仮設住宅にやってきて一緒に過ごすなど頻繁な行き来はある。ただし、生計は別にしており、息子は受給している障害年金で、施設のすべての費用をまかなっていると説明された。「こっちはこっちでなんとかやってるもんだから」心配ない、と言い、「親としては出せねえからって事情を言って」施設に任せている。問題はむしろ自分だ、と語った。

星野さんは一人親方制度のもとで働いていたため、年金保険制度に加入しておらず無年金であるという。現在は、妻が農協の共済年金から受け取っている給付金が年間四〇万円程度と、貯蓄をとりくずして生活している。同居の息子は震災後トラブルがあって退職して求職活動中であり、現在の心配ごとは、老後のこと、貯蓄を取り崩しての生活（「なんとか蓄え（が）持つか持たねえか」）、息子の就職、復興住宅の家賃であることが語られた。別居の娘も震災後は二つの仕事をかけもちして夜中まで働いており、頼れる状況にはないようだった。

「足腰（が）痛くなかったら原発行ってなんぼでも働きたいんだども。だめなもんな、立てないんだものな、あんまり」という言葉からは、生活困窮がみてとれた。

この世帯への訪問は私に強い印象を残した。障害のある息子について当初言及されなかったことはもちろんである。それに加え、あたりまえのことであるが、記入された調査票のみではわからない実態があることを改めて感じたのである。当初、何らかの障害のある人が世帯におり、それにかかわって世帯の生活困窮の実態があると想定して訪問したのだが、実際には、障害のある息子はかなり以前から世帯分離をしており、生活困窮の原因は、男性自身の失業と無年金、同居の息子の失業によるものであったことが、お話をうかがうなかで初めてみえてきた。

施設に入所している男性は、星野さんの語りによれば震災の影響はほとんど受けず（施設によっては避難所となったため介護体制に混乱が生じ、入所者の生活に影響がでたところもあったが）、障害年金受給により、変わらずに安定した暮らしを営んでいるのだという。

星野さんは六〇代後半であったとはいえ、震災後に仕事を失ったこと、また同時期に息子も失業したことにより、生活困窮が顕在化した。こうした生活の非対称性から、年金制度という生活保障制度の枠に入っているかいないかで、生活困窮に陥るか否かの明暗がわかれることがみえてくる。今後、年金の受給は見込まれないものの、同居している息子の就職が決まれば（星野さん自身は「息子のはあてになんねえし」と述べてはいるが）、あるいは別居の娘世帯からの援助があれば、世帯の生活も安定する可能性はある。しかし、それは星野さんの収入が安定することとは異なる。星野さんの二つの世帯の事例から、あらためて生活保障としての年金制度の重要性が浮き彫りにされたといえるだろう。

（土屋　葉）

第2章

介護生活と震災

インフォーマルな資源と住まいの選択に注目して

井口高志

1　高齢期の介護と震災後の生活

一般的に、高齢になるに伴い医療や周りの手助けなどを必要としていく可能性が高くなっていくため、身体的衰えやそれに伴うリスクに備えて個人は何らかの対処をしていかなくてはならない。他方、何らかの手助けが必要となった人と一緒に住む家族は、通常の家族生活の中での家事に加えて、食事介助や移動などの特別な手助け行為や、医療機関や介護サービス、行政などの外部の専門機関とのやり取りなどの役割を担っていくこととなる。これらの行為を総称して、一般的には介護と言い、家族介護者とはそうした総合的な役割を担う存在である[1]。

震災は、手助けを必要とする生活、また介護を行う生活に大きな変化をもたらす。なぜならば、ひとつには、交通手段などの医療・介護資源へのアクセスを可能にしていたものや、住宅環境などの介護行為を行う上での安定的な環境を一変させるからだ。また、介護を要する人への介護行為以外に、災害による影響で他家族などに対して何かしらの手助けの必要性が増えた場合、介護を要する人の身体的状態自体はそれほど変わらなくても、介護に十分な労力を避けないことや、そうした制限の中で家族内での必要な支援をやりくりしていくことによる負担の増加につながりうる。もちろん、震災によって介護を必要とする本人の心身状態が悪くなることや、震災による健康状態の悪化によって、はっきりと介護が必要な状態になることもあるだろう[2]。

さらに、介護の必要性は、災害から逃れたり被災後に住まいや生活を落ち着けて日常を取り戻したりしていく際の行動に影響を及ぼす。それは、「健常」な成員だけの世帯よりも物理的に移動がしにくかったり、移動先を決める際に考慮に入れなくてはならないことが多かったりするからだ。たとえば、災害と介護に関する議論では、主として災害直後に、介護を必要とするゆえに避難が難しくなったり、生活が制限されたりするなどのダメージの増幅が問題とされ、その点が「災害弱者」の問題の一部としてこれまで議論されてきた[3]。そうした災害直後の直接的な影響に加え、被災から時間が経過した後に、介護が必要な人がいることで、たとえば、住まいの決定にどのような影響が出てくるのかなどの、より見えにくい影響こそ、被災の中長期的な影響について考える本章が注目すべきものであろう。

本章では、要介護の高齢者を抱えた世帯が、実際にどのような変化を経験し、その変化にどのように対応していったのかを見ていく。その記述の際には、介護や生活への支援となる家族や親族などのインフォーマルな資源や、介護サービスなどのフォーマルなサービスがどのように関わっていたのかにも注目する。今回の調査では世帯に介護や手助けを必要とする高齢者がいる状況下で震災を経験した六世帯に話を聞くことができた。本章ではその内で、介護に関して詳細に記述することが可能な程度の語りを得ることができた五世帯の事例をとりあげる。話をしてくれたのは、その時点で、自身に介護が必要だと自覚している人たちではなく、介護をする側の人たち五人で、四人が六五歳以上の人たちであった。この人たちの語りから、それぞれの世帯の経験を記述してみよう[4]。

2　事例記述

(1)　介護に伴う世帯全体への影響

柏崎さん（2012/8/16、五〇代後半男性）の世帯では、震災前から認知症で人工肛門をつけている父親を独身の息子である柏崎さんが介護し、障害を持ち日常的に車椅子を利用する妹（五〇代後半）が同居していた[5]。また、主たる介護者である柏崎さん自身も視力が弱く障害者手帳を保持していた。以下ではその柏崎さんの語りを中心に世帯の事例を見ていく。

柏崎さんの自宅へは津波は達せず、全壊や半壊と認定される損傷や、その地域で起こった火災による被害はなかったが、震災直後は家族三人で避難所に行った。しかし、「無理に退院させておやじがそん時ね、肺炎起こしてしまったの。避難所寒かったから。何もなかったから。小学校だからね」と、父が入院することになってしまい、病院にいる父親にずっと付きそわざるをえなくなったという。このため、障害のある妹は、家族が誰もいない状態で避難所に滞在することになってしまう。妹は自宅では車椅子で移動しながら、家事をすることが可能だったが、いつもと環境の異なる避難所ではトイレも含め、他者からの支援が必要となってくる。ケアマネにヘルパー派遣が可能かどうかを聞くも使えない旨を伝えられるが、他県から派遣された看護師に励まされながら何とか過ごしたという。避難所で一〇日を過ごした後、建物自体は壊れていない自宅に戻ることになり、柏崎さんはまだ完全には治療を終えていない父親を連れて病院から戻った。それは、まだ地域の状況も安定しない中で、障害を持つ妹を一人自宅に過ごさせるわけにはいかないと考えたためだ。

自宅に戻ってからも、柏崎さんが父親を介護する生活は、震災から約二年後に父が亡くなるまで続いた。料理などを妹が一部担っているため、一人だけで父の介護や家事をしているわけではないものの、父親の介護と同時に妹の手助けもする必要があった。また、父のことをずっと見守っていなくてはならないため、仕事に出ることができなかったという。それは、父親と妹を二人にしておくと、父親から「物を投げる」「暴力」が生じてしまうからだ。介護サービスに関しては、介護する家族がいるという理由でヘルパー派遣がされず、柏崎さんと妹との二人で行うことが大変な入浴サービスだけは頼んでいるとのことだった。

最終的に、柏崎さんの世帯は、何とか自宅で父親の介護をやりきったとも言えるが、家族の中で唯一賃労働に従事可能だった柏崎さんが収入のある仕事への従事をあきらめることで介護への従事が可能になっていた。また、近くに住むきょうだいの一家とは関係が悪く、父親と同居していた柏崎さんたちが主に父親の介護を担っていたようだ。加えて、震災後二年以上経過するまで、生活保護を受けることもなく[6]、仕事に出られないことによる収入減に対する代替の収入も十分になかった。もちろん、妹は、作業所に通うなど、それが十分かどうかは別として、障害を持った人へのサービスを利用していた。また、父親も病気に対する医療サービスや入浴サービスを利用はしていた。しかし、複数のケアの必要を満たしつつ、世帯全体の生活を維持していくことに大きな負担を抱えていたことが、生活の様子についての語りからうかがうことができた。

（2）震災後二人のケア責任者になる

大友さん（2014/3/3、七〇代前半女性）は、震災前、息子夫婦とその子ども（以下、孫）二人、および要介護状態にあった実母（以下、母）とが同居して暮らしていた家の敷地内に大友さん自身の家を建て、そこで一人で住んでいた。その家は、それまでずっと働いてきた自身の退職金で建てたという。しかし、津波で、息子夫婦を亡くし、その敷地の二つの建物も全壊認定となった。四〇日ほどの避難所生活を経て、叔父の所有していたキッチン一つに六畳ほどの和室が二部屋ある家に、借り上げ仮設住宅として入居した。そこで、震災前から要介護状態であった母と、学齢期（高校生）の孫の一人と住むようになったという（なお、孫は二人いるが、上の孫は二〇一一年四月から遠方で就職している）。

大友さんは近所に住んでいる親戚との関係が常日頃から深く、借り上げ仮設住宅に入った際、いとこが五人来て、障子の張替えなどを手伝ってくれた。母は二〇一四年二月に九〇歳で亡くなり、同居している孫は二〇一三年に学校を卒業して就職して、二〇一四年三月の調査時もその孫と二人で暮らしていた。母の介護が終わった後、孫の希望もあり、元々生まれた場所である以前暮らしていた土地の災害公営住宅への入居を希望し、何ヶ月か先の入居予定が決まっていた[7]。

母は、震災前から要介護度1でデイサービスに通っていて、二〇一一年三月三日に「胃に穴が開いてそれを開腹手術で、何ていうのかな、閉じてもらった」。手術を受けて震災を経て、要介護度は3となり、借り上げ住宅で「介護しながら認知症がだんだん重くひどくなって」きて亡くなった。母は「最期の一ヶ月ぐらい前からは(…)あんまりやってることも言ってることも、こう、わかんなかったんじゃないか」という状態だった。デイサービスには、近所の人たちも通っていたので以前から喜んで通っていて、震災後に住むようになった家からもデイサービスへまで車で二〇分弱とあまり変わらず、週に二、三回は通い続け、「亡くなる前の日まで行かなきゃなんないって」本人は話したという。

母は、自宅では「寝てるんじゃなくて、起きてはいた」が、部屋が二部屋しかなかったため生活は大変だった。大友さんは「(母は)何とも言わずに、半分我慢もしてたんでしょうけど」と述べていた。以前の家は広くて手すりもつけていて、ベッドを使っていたが、借り上げの住宅では布団で、つかまって歩く母を躓かないように見守っていることが必要だったという。風呂にはデイサービスで入ってもらっていた。一緒に生活をしていた孫が高校で介護の勉強をしていて、二〇一三年四月からは介護の仕事をしていたため、「起こすのも何も上手で」手伝ってもらっていたという。他方で、震災後の孫と母との三人の生活の中では、孫は、「震災から二年間しゃべんなかった」。「ご飯って、はい、終わり。あと、行ってきますと終わり。ただいまって一日それだけ」。そのため、「この子どうなんだろと思った」が、現在は、「その反動か何だかしんないけど。ほんとにもううるさい」と述べていた。

（3）夫の介護に合わせた転居

小林みさこさん（2012/8/17、八〇代前半女性）は、震災前、津波による被害の激しかった沿岸部で、脳梗塞で介護が必要となっていた夫（八〇代後半）と二人で暮らしていた。自宅の他に複数の土地家屋を所有していたという。震災時は、夫はデイサービスに行っていたが、小林さん自身は、自宅近くで津波に飲まれて避難所に行き、その後、一〇日後くらいに別に避難していた夫と会うことができた。同じく被災した息子夫婦の店の二階の集会場として使われていたコンクリート床のフロアで、畳を重ねてベッド代わりにして、夫や息子夫婦、息子の妻の家族などの、被災した親族たちと一緒に三ヶ月ほど過ごしたという。

夫は被災後に二回目の脳梗塞を起こし、自分で立てなくなり、デイサービスに通うために住んでいた店舗の二階から降りることが難しくなった。「デイサービスとかそういうところにいくのに、なかなか階段がネックで、病人をデイサービスに連れていけないって、施設の方から、どこの施設もお断りされ」たという。そして、ちょうどその頃、仮設住宅の入居者募集があったので、「私が仮設を申し込んだ」。六畳間と四畳半間のプレハブの仮設住宅に夫婦で移り、そのプレハブ仮設住宅で夫と二人で暮らして介護を行うようになった。

夫が二回目の脳梗塞で入退院した後、小林さんが「何よりも一番困ったこと」は、夫の入浴であったという。小林さんは「何とかこの人を風呂に入れたかった」。施設は「津波で壊れたところ」もあり、「職員が死んだり、家族が亡くなったり、うんと職員が足りなくなって、車も流れた」ため、「あらゆるところに問い合わせた」が、「どこも職員不足。車が不足。そんな感じで、どこでも受けてくれなかった」。

そこで、地域の障害者施設の職員に相談したところ、入浴サービスを受けるには、障害者手帳が必要だということを教えられた。職員から「これはケアマネの仕事なんだからケアマネに頼みなさいって」とアドバイスされ、ケアマネに相談し、障害者手帳を取得した。手帳取得後、仮設で営業していたデイサービスなどでの入浴も考えたが、デイサービス側からの夫の状況についての判断に基づき利用できなかったという。結局、最初に相談した職員のいる施設で入浴サービスを週に一、二回利用できるようになったのは、震災後一〇ヶ月近く経ってからであった。このフォーマルな制度による入浴サービスを利用する前は、震災後に新たに移動支援などを始めた団体が事務所に作った風呂を介助サービス付で利用していたという。

小林さんは自動車の運転はせず、住んでいた仮設住宅からは、バスで病院などに移動する必要があった。バスが少なく不便で病院に行った際も、一本乗り遅れると何時間も待たないとならない。ただし、「買い物はね、食べるものはうちの息子が持ってくるの」と、息子が、たびたび食料を届けてくれていたという。「(モノを)あんまり買ってもごちゃごちゃするし。住宅をまあ、一応小さい家を建てるつもりでいるから」と、この後の住宅を建てる予定を見越して生活上の必要なものについて考えていた。仮設住宅での生活はそれ以前と比べて制限されたものであったが、「うん。二人の生活だから。小さい家を建てるつもりでいるから。その時は、まあ、必要な物はそろえるにしても、今はまあまあ、間に合わせ。そんな考えでいます」と、一時的なものであるということを明確に意識しながら生活を送っていたようだった。

そうした生活を経て、二〇一二年一二月に夫が入院することになり、入院先の病院で死去した。その後、小林さんは、それ以前に息子が小林さん夫婦二人のために確保していた土地に家を建て、二〇一三年からそこでの一人暮らしを始めた。新しい自宅は、海岸部から遠く、周りに住んでいる人たちは親戚の人たちだという。以前と同様に、息子が買い物など移動の必要なことの手助けをする形で一人暮らしを続けた（以上の本段落の記述は2013/8/27の聴きとりより）。しかし、新しい家のある土地はそれ以前の沿岸部からは離れた内陸の山あいの土地で、海の見える土地が恋しくなったという。ある時、知り合いから沿岸部の土地が空いているという情報が知らされ市役所に問い合わせて土地を確保した。息子は、土地のみの購入費用を出してくれたという。小林さん自身は友人から予算を借りることで、家を建て、現在はそこに転居して暮らしているそうだ（2017/8に受信した手紙より）。

（4）現在の居住地にいることで成り立つ介護生活

要介護状態の夫と震災前から二人暮しだった大山さん（2014/3/2、七〇代後半女性）[8]は、生活保護を受給しており、二〇一四年三月のインタビュー当時、夫はベッドに寝たきりの要介護状態だった。大山さんの夫は、二〇〇七年に入院した際に「認知症と脳軟化症［ママ］になった」。二〇一一年三月一一日の震災時は、夫は、二月に退院した後で、「ケアの人に連れられてお風呂に行っていた」という。大山さん自身は賃貸の自宅に「帰っていったら、もうしっちゃかめっちゃか、みんなぼろだけだ、がらくただけだ、倒れて、瀬戸物がみんな半分以上壊れた」状態であった。しばらくは夫とそこに住んだものの、約一年後に、借り上げ仮設住宅と指定された雇用促進住宅に入居した。その住宅には身体障害者対応のバリアフリーの部屋もあったが、そちらは抽選で外れ、「うちのお父さんは全然もう歩かないし、台所にも行くわけでもない」こともあり、２ＬＤＫの間取りの通常の部屋に住んでいた。

大山さんは、生活保護を受けていることもあって、車も免許証も手放して自転車で買い物をしているという。借り上げ仮設住宅の周りは、自転車や徒歩で買い物ができ、大山さん自身が通っている病院が「すぐ一〇分もかからない」ほど近かった。交通手段が限られている大山さんにとって、アクセスの条件が良く、また移動にかかる金銭的コストを抑えやすい住環境であったと言える。大山さんが入居した借り上げ仮設住宅は、その後、若干の修繕をして災害公営住宅に転換する予定であった。最初にインタビューをした二〇一四年三月時には、「希望はここなんです、私は。いたいのが。ところが三人でないとだめなんですって、家族が」と、自分たちの世帯状況から、転換後に同じ住宅に入居できるかどうかを不安に思っていた。

大山さんの、夫との介護生活における問題は、夫や自分の通院のための移動と時間のやりくりであった。大山さん自身も複数の病院にかかっているが、通院は、週に二回入っている夫の入浴（デイサービス）の間にすませなくてはならない。夫は腎臓の病気、リハビリ、などで三つの病院に通院していたが、そのうち一つの病院には一ヶ月に一度、大山さん自身も付きそいの家族として行かなくてはならない。大山さん自身はバスを乗り継いで約一時間かけて付きそいにいく。一方、夫は「ケアの人」（移動介助）に連れていってもらう。帰りは、先に自宅へ戻る夫を「ケアの人」に見てもらい、大山さんが追いかけるように帰宅する。移動介助に使用する車に、要介護者の家族は同乗させられないため、この対応は仕方ないそうである。

自宅での介護は、基本的には大山さんがほとんどを行っている。ヘルパーが一日二〇分程度来ていて、後に訪問看護の人も来るようになっていたが、大山さん自身は、ヘルパーにやってもらうことはそれ程無く、ほとんど自分が行っていることを強調していた。ただし、何らかの緊急事態が起きた際には、誰かの手助けの必要なことがある。たとえば、夫がベッドから落ちた時に、消防署に連絡をして、ベッドに上げる手助けをしてもらったそうだ。このように、大山さん自身も高齢のため、力が必要な事態が生じたときに、外部機関に頼るしかない。入居している借り上げ仮設（災害公営住宅に少しずつ転換中の建物）の自治会の会長はよく面倒をみてくれ、近所の人とのつきあいはあるようだが、夫が一人で自宅にいる際の見守りを頼めるような関係ではない。また大山さん夫婦は、震災を機に市外からやってきたため、手助けをしてくれる親族は近くには住んでいない。

二〇一五年一一月時点では、大山さん夫婦はこれまで住んでいた借り上げ仮設住宅の災害公営住宅への転換後も、同じところに住めることが決まった。夫の通院の回数は若干減り、医師や看護師が自宅に往診してくれる体制へと変わってきたという（2015/11/14）。病院や買い物などのアクセスが良い現在の場所で、生活保護を基盤として、デイサービスやヘルパーなどの外部機関のサービスを組み合わせて、大山さん自身が介護に専念する生活が続いていくことになる。

（5）残っている自宅への帰還に悩む生活

桜井さん（2014/3/3、六〇代後半女性）は、いわき市に隣接する町で震災に遭い、自宅の損壊はなかった。しかし、原発事故のため、二〇一四年三月に話を聴いた際、県外を含めて七回移動して約四ヶ月後に入居したいわき市内の借り上げ仮設住宅で夫と暮らしていた。一緒に暮らしている夫は認知症だという。

震災後に、夫は、徐々に通常とは違う様子を見せるようになり、認知症と診断された。たとえば、いわき市内の借り上げ仮設住宅に入る前、二ヶ月半ほど滞在した避難所指定のホテルでムカデが出たのだが、夫はムカデのことが何なのかわからなかったという。また、支援物資を取りにいったものの、明らかに必要のない小学生向けのランドセルや衣類などをもらってきて、「これ誰が着るの？って言ったら、あんたにもらってきてやったんだよって」言っていたようだ。これらの出来事を経て、桜井さんは夫と脳神経外科に行った。そして、二つ目に受診した病院で、「断定はしませんけれども、認知症ぽいっていうことを言われて、薬を飲み始めた」という。

夫が認知症になった背景について、桜井さんは「確かに今まで仕事をして、町内会の仕事なんかもやったり、赤十字の仕事もやってた主人だったので、急にやることもなくてね、そういうことが起きたのかなとは考えています」と推測していた。「医師からも『やっぱり環境の変化っていうのとストレスが、原因だと思うんだけども』ていうことで、ずっとお薬を飲んでた」という。

二〇一三年一〇月に、夫は、町の老人会の懇親会に車で行って、交通事故を起こしてしまった。「（バスが）ずうっと仮設住宅を回って、みんなを乗せていって、そしていわき健康センターっていうところで、（プレハブの）仮設住宅っていうところしか点々と回っていかないので、要は、そういうね、（プレハブの）懇親会をやる」が、「うちのここ（現在の借り上げ仮設住宅）には回らないので、仮設住宅があるところまでうちの旦那は自分の車で行った」という。夫は、「前にもちょっとカラオケで行ったことのある場所だったもんだから、そこに行くときには夕方っていうか遅く帰ってくるんだ、その頭がやっぱり自分ではあった」ようだという。「普通だったら飲まないはず」だけど、「行ったらば、普通に一〇時くらいからお酒飲んで、お風呂に入って、ご飯前に、もうお酒が入っちゃったみたい」だった。「お酒が、もちろん回っているので、俺帰れないからと車の中で寝てた」後、「目覚めて、もう大丈夫かなと思って、運転してきたっていうんだけど、覚えてはない」ようで、「俺は事故やってない、やってないって警察でも騒いでた」という。

夫は、当初アルツハイマー病だと診断されていたが、検査の結果、記憶障害が中心のアルツハイマー病ではなく、一般的な症状として、万引きなどの、社会では「犯罪」とみなされるような行動を引き起こすと言われるピック病[9]であったという。インタビュー時点では、夫は精神科の病院に入院をしていたが、桜井さんは、この後、夫と地元の自宅に戻ることを考えていると述べていた。二〇年前に建てた自宅は「長男たちと一緒に暮らすように大きく建て」、震災前には一度長男家族と同居したが、その後別居をした。現在は自宅のある地元の町に行政職員として働く三女家族が住んでいて、その子どもが小学生となり、その町の小学校に通うことを決めたため、自分たちが近くに住むと便利だから戻ることを考えたのだという[10]。

ただし、インタビューの時点では、現在住む場所を離れることには不安もあるようだった。現状は、介護保険の認定を申請し、デイサービス利用が望ましいというアドバイスを医師などから受けている段階で、入院してアルコールも断ち、ピック病の特徴である行動の習慣的な繰り返しを維持するような生活ができているので、よい状態ではないかと桜井さんは捉えていた。また、自宅のある町には、「お医者さんもないし、私も歯ちょっと治さなきゃならないんですけども、歯医者がない」ので、「ここにいるのも便利でいい」という。実際には、長男にも「何でそんなに急いで帰るの?」と言われている。さらに、現在住んでいるところは、桜井さん自身の出身の町であり、子どもたちの多くが近くに住んでいて行き来ができる。また、現在住む地域に比べて自宅のある町は、コンビニ程度はやっているものの、店があまりなくて不便だという。桜井さんの夫はカラオケ好きであるが、現在のようにさっと行って帰ってこられるカラオケ店もない。病院も月に何回かは桜井さん自身が運転をして、現在住む町に通わなくてはならない。

だが、夫の認知症は、今の場所に残ることを後押しすると同時に、自宅に戻ることを考えさせる要因でもある。まず、「結局主人が、苦労して作った家でね、ローンもあって大変だったんだけども、作ったところで、この先わかんなくなる時が、必ず来るわけでしょう。できるだけ、自分の作った家で、ゆっくりさせてあげたいっていう気持ちもあって」と、夫自身にとって自宅に戻ることに価値があると述べていた。また、現在住む町は、桜井さん自身にはなじんだ町だが、「うちの主人にとっては、知らないところで」あり、そのため、「万引きをしたとか、そういうことをしたときに対処しようがない」。また、「買い物大好き」な夫は「車乗れなくなっちゃったら、今度は自転車で行くしかないなとか言ってるので、どこにでも買い物に自転車で行かれたら（困る）」と、「（目を）離すことができないっていう不安があった」という。それに対して自宅のある町だと、「そんなに店がないので、ある程度お店決めておくといいですよと、お医者さんが言われた」。そして、「いつも行く店を決めておくと、そこにあらかじめ言っとくとか、こういうわけなのでとかって、お金を預けておくとかして、警察沙汰にならない内にね、そこで対処できる」のではないか、と述べていた。それは、ピック病のため、「犯罪を犯すようになったら大変だな」っていう思いがあり、「こういう仮住まいのところで、周りにも迷惑をかけたらいけない」という思いでもある。それならば、「自宅のある地元に戻って、地域の人たちには、お話をしておいて、認知症なので、迷惑をかけることもありますからっていう話をしておいた方がいいな」と思っているという。

3　介護を抱えた震災後の生活

（1）外部サービスの硬直性と生活を支えるインフォーマル資源

家族生活が介護だけで成り立っているわけではない以上、一人ひとりの介護のニーズとともに世帯全体には別のニーズがある。いずれの事例においてもそれは言えるが、介護を必要とする親だけでなく、障害を持った妹や学齢期の子どもが世帯内にいるような場合、その二つのニーズの間のジレンマが顕著になる。たとえば、柏崎さんのように、収入を確保するといった世帯を維持していく活動に制限が出てくることがある。こうした状況は、もちろん震災時だけでなく通常時にも起こりうることではある。しかし、震災によって周囲の環境が変化することで、以前は問題とならなかったことが問題となってくることがある。親の身体状況と介護の必要性が変化した柏崎さんや、突発的に息子夫婦が亡くなり、住居も失い、それを立て直さなくてはならない大友さんのように、親の介護者兼他の家族の養育者という二つのケアを担う難しい状況に置かれるのである。

こうした介護やケアの必要性に対して、介護・医療サービスなどのフォーマルな資源は、もちろん助けになる。大友さんは、震災以前から母親が通っていたデイサービスを継続して利用しており、また、高齢夫婦で介護をしていた小林さん、大山さんもデイサービスを利用していた。しかし、フォーマルなサービスの利用をめぐる話から見えてくるのは、変化した状況への対応が必ずしも柔軟でないことと、サービス利用に付随した仕事を利用者側に生みだす点である。

小林さんは、近くの障害者施設での夫の入浴サービス利用に当たって、ケアマネージャーに相談し障害者手帳を取得する必要があった。災害時に限らず医療福祉サービスの利用にあたり、複数の窓口に出向かなければならないことは利用者にとって大きな負担であるが、災害後はなおさら大きな負担となる。サービスにアクセスするための条件を、利用する家族側が整えておかなくてはならないことも問題である。大山さんは、夫の通院の付きそいのために、自らは片道1時間程度かけてバスを乗り継いで病院に行かなくてはならなかった。小林さんは、デイサービスに通う上で、息子の家の二階から夫を降ろすことが困難であったことを一つの理由として、一階で生活できるプレハブ仮設住宅への入居を決めていた。このように生活の基盤となる住居の場所や条件もサービスに合わせて決めていく必要が出てきている。

さらに、このように外部サービスをスポット的に利用して自宅で生活を続けていく上では、その前提となる住宅基盤や日々の生活維持のための活動（買い物や自分の体調を維持するための通院など）が必要となってくる。要介護者の体調の変化など、突発的な出来事が生じた際にインフォーマルに対応出来ることも重要になってくる。今回の事例群を見ると、そうした生活の維持やイレギュラーな事態への対応においては、家族や親族などの支援を得られるかどうかが重要なことが見えてくる。小林さんの事例では、息子が食料品を届けてくれることで、車を運転できずバス利用も不便な状況を補って生活をすることを可能としていた。また、息子が将来の住居のための土地探しなどを行っていたことで、プレハブ仮設住宅に住んで介護をしていてもその先の生活に見通しをつけることができていた。大友さんの借り上げ住宅も、親戚が所有していた住宅であり、入居の際には近所のいとこたちが手助けをしていた。

それらの事例に対して、大山さんの場合には、近くに親族などがいない、またインフォーマルな手助けをしてくれる人が乏しいため、車を使えず自転車や徒歩で移動せざるを得ない。そのことが、生活の制限に直接つながってしまったり、夫のベッドからの落下などの自分の体力だけで対応できない自体が起きた際にフォーマルな専門機関に頼らざるを得ないことにつながったりしていた。柏崎さんの事例では、親族は近くに住んでいるが仲が良くないため、父親の介護において手助けをほとんど得られなかった。

(2) 資源へのアクセス可能性と住まう場所

特に、小林さん、大山さん、桜井さんといった高齢期の夫婦世帯においては住まいの選択と資源へのアクセス可能性が強く結びついていることが見て取れた。それが介護や医療が必要となることで際立ってくる。たとえば、先述したように小林さんの場合には、立つことが難しくなった夫をデイサービスに通わせるために階段を上がる二階ではなく一階のプレハブ仮設住宅への入居を決めていた。また、大山さんは、大山さん自身の通院や買い物にとって、入居した借り上げの公営住宅が非常に便利であったため、その借り上げの災害公営住宅への転換後も、同じ場所での生活を希望していた。

また、こうした住まいの選択について考える上では、一時点でなく、より長期的な見通しの中で決定されていることと、その選択は各人のそれまでの人生の中で形成されてきた資源によって可能になっている点にも注意しておく必要がある。小林さんのプレハブ仮設住宅への移動は、それを支える息子などの親族資源のサポートによって可能となっている面もあり、その後小林さんは、やはり息子のサポートを得て家を建て、そこに移っていった。その背景にはその地でずっと安定した生活をしてきたことで形成された

（子世代も含めた）自身の資産と親族基盤があると言える。他方で、移動を繰り返して生活してきて、生活保護を受けている大山さん夫妻にとっては、震災後に入居した借り上げ仮設住宅（後に災害公営住宅へ転換）に住むことが、介護や医療をますます必要としていく中、生活を成り立たせていくための限られた選択肢である。二つの事例とも仮設住宅への移動を選択しているわけだが、そこでの選択の意味は大きく異なっている。

以上で見たように、住宅の設備や立地を含めた住まいは、その立地や設備状況によって、人の生活の質に重要な影響を及ぼすが、介護生活において、どのような住まいがより望ましいのか、それ自体がより明確ではない場合もある。すなわち選択はできるのだが、選択肢の優劣がつけがたいのである。そのことが顕著に見られるのが、津波などで自宅や周辺地域に物理的なダメージを受けた他の事例と違い、原発事故による避難であった桜井さんの事例である。

桜井さんの場合、他の事例が、寝たきりやそれに近い状況の介護生活であったのに対して、夫は外に出ることも可能であり、その外に出た際の認知症に伴う行動の問題が中心であるという点でも異なっていた。そうした特性ゆえに、住宅を含めた住まう場所の選択・調整自体が、本人の気持ちへの影響や、本人の行動を受け止めてくれる環境の形成につながっており、それが認知症の介護行為そのものともなっている。すなわち、元々住んでいた住宅が残っているために、住まいの選択ができ、また、夫への介護そのものとして、住まいの選択を、より深刻に考えざるを得ない状況にあるのである。

しかし、地元に戻るべきか現在の場所に留まるかの選択肢の優劣は明確ではない。桜井さんにとって、認知症に対する医療や介護資源に関しては、避難をしてきたいわき市にいた方が良い面があり、加えて、そこには子どもたちも多く住んでいる。他方で、残してきた家は壊れているわけではなく、認知症の本人にとって慣れた場所の方が、「症状」あるいは本人の気持ちの安定に対してよい可能性もある。また、認知症によるＢＰＳＤ（行動・心理症状）と捉えられるような行動を考えたとき、慣れ親しんだ人に囲まれている地元にいた方が周りに迷惑をかけずに生活ができるかもしれない。このように、住まいやそれが位置する地域が、介護そのものにより深く影響するような場合、その選択は非常に悩ましいものになる。それは住まいが、狭い意味でのアクセシビリティや快適性といった機能だけで良し悪しを測れないこととも関係しているだろう。桜井さん自身は、インタビュー時点では自宅のある土地に戻ることを決めたと語っていて、実際地元に戻っている（2017/9受信のハガキより）。しかし、この原発事故による避難と認知症の介護という二つが重なった事例から推測できるのは、選択肢があったとしても、選択できること、せざるを得ない中で、どちらが良いのか決めかねるどっちつかずの状況に置かれている人たちが存在している可能性である[11]。

■註

1　平山（2017）は、ケアを分析する上で、目に見える具体的な行為だけではなく、他者の状態・状況を注視したり、必要を見定めるなどのマネジメントの水準も含む「感覚的活動」へ注目する必要性を提起している。家族介護者が担うことを期待される総合的な役割とは、このレベルの役割も含めたものを意味する。

2　阪神淡路大震災や中越地震後の調査において、仮設住宅での暮らしなどの生活環境の特徴に伴う被災者の健康問題が指摘されてきた（京谷 1999、田中 2006 など）。

3　災害直後の問題として、東日本大震災後の車椅子の利用者などの障害を持った人たちの避難の問題について経験に基づく記録が報告されている（中村 2012、藤野・細田 2016）。また、高齢者や障害者の地域別や居住場所（施設／在宅）における死亡率の違いの分析から、在宅で生活する高齢者・障害者の災害に際した際の脆弱性が指摘されている（立木 2016: 36-49）。

4　他に六五歳以上で一人暮らしをしている女性たちに話を聞くことができたが、全員とも介護を必要としているわけではなく、インタビュー当時において明確な介護の担い手でもなかったので、本章ではなく7章で言及する。

5　柏崎さんについては、6章でも言及されている。

6　柏崎さん世帯の生活保護受給の経緯は6章を参照。

7　その後、予定通り入居し、二番目の孫と現在そこで暮らしている（2017/9 の電話連絡にて）。

8　大山さんについては、特に生活保護受給との関連で、6章参照。

9　ピック病は、前頭側頭葉の変性症の多くを占め、認知症の原因疾患の一つである。アルツハイマー型認知症と比較した際の特徴は、記憶が保たれる一方で、人格の変化や情緒の不安定、社会的に逸脱した行動が症状として見られる点がある。

10　実際に、その後、自宅のある地元に戻って生活をしているが、夫は、ある晩に自宅で倒れて入院し、それを契機に桜井さんの名前もわからず話もできず、食事も風呂も介護が必要で紙おむつの生活になったという（2017/9 受信のハガキより）。

11　この選択肢の良し悪しの判断自体が難しい状況は、元々の住宅が残存している原発避難者において、より顕著に現れることが考えられ、廣本は「避難の選択過程での動揺、葛藤、不安、戸惑い、ためらい、わからなさなどが混在する心理的状況や自己認識」を〈ゆらぎ〉という概念で捉えている（廣本 2016：268）。また、本章で見たように認知症の介護などのように、地域や環境を維持すること自体が相手に対するケアとなる場合にも、こうした状況は顕著だとも考えられる。1章で取り上げられている障害のある子の通学を考慮に入れている坪井さんの事例も同様の状況を示しているかもしれない。

■文献

藤野好美・細田重憲 2016『3・11東日本大震災と「災害弱者」――避難とケアの経験を共有するために』生活書院
平山亮 2017『介護する息子たち――男性性の死角とケアのジェンダー分析』勁草書房
廣本由香 2016「福島原発事故をめぐる自主避難の〈ゆらぎ〉」『社会学評論』67(3): 267-283.
京谷朋子 1999「仮設住宅における高齢者問題」『避難生活の社会学』昭和堂: 287-292.
中村雅彦 2012『あと少しの支援があれば――東日本大震災 障がい者の被災と避難の記録』ジアース教育新社
立木茂雄 2016『災害と復興の社会学』萌書房
田中淳 2006「災害弱者問題について」『消防防災』5(1): 40-47.

コラム 2

最後は私たちだけになった

■日頃のネットワークによる助け

瀬谷直樹さん、瀬谷久美子さんは全盲の夫婦である。二〇一二年の調査当時はともに四〇代で賃貸の一軒家に住んでいた。直樹さんはマッサージ師として二〇年以上働いており、久美子さんは無職であった。

震災のあったその日、直樹さんはいつもどおり歩いて一〇分程度の病院に出勤していた。病院は建物の壁にひびが入ったり、鉄骨がむき出しになるなどの被害を受けた。一方、久美子さんは、家事援助のために来ていたヘルパーと共に自宅にいたが、自宅は玄関の戸がはずれてガラスが割れる、水道管が破裂する、屋根の瓦が落ちるなどの被害があった。久美子さんは、「こわくて家にいられな」かったため、自宅はそのままにして、ヘルパーと共に夫の勤務先に向かい、その後は夫と行動を共にした。

夕方になって二人は自宅に戻った。大家さんと連絡がとれ、夜には大工さんに、玄関の割れた戸と網戸に代えてベニヤ板で目張りをしてもらうことができた。しばらくは飛行機やヘリコプターが飛ぶ音が聞こえ、ものものしかった。また余震のため、携帯電話の緊急地震速報が頻繁に鳴った。そのたびに掃き出し窓から外へ飛び出した。

電気はその日中に復旧したが、ガスは二、三日、水道は一〇日ほど使えなかった。食料が店舗に戻るまでに二週間ほどかかった。四月末頃までは、水と食料の確保が一番の問題となった。

たまたま風呂に残り湯をためていたため、トイレはそれを使って流した。飲料水については、近所の直樹さんの飲み友達が給水所から運んでくれた。また食料は、ふだんから食料を多めに買っておく習慣があったため、保存食や冷凍保存していたもののほか、ヘルパーが派遣されるわずかな時間に作ってもらったおにぎりを少しずつ食べるなどしてつないだ。また直樹さんの元同僚が行列に並んで買い物をしてくれたり、全国各地にいる友人たちが食料品や水を送ってくれたりもした。

　食料品、水の確保のほかにも、大家さんや区の組長、昔からつきあいのある近所の人が様子をうかがいに来るなど、瀬谷さん夫妻の日頃のネットワークが非常時の生活を助けたようだ。

■「自分の知っている道と違う」
――ふだんの生活ができなくなる

　震災以前、久美子さんは掃除や調理などの家事援助や、代読・代筆などのために週四回、直樹さんは外出のためのヘルパー派遣を週一回、それぞれ受けていた（震災後はガソリン不足などもあり、週一日に減った）。

　直樹さんは近所の地図は頭の中にあり、一人で通勤し、近くのコンビニや個人商店には仕事の帰りに寄るなどしていたという。しかし震災後は、いつも歩く道路にも亀裂が入ったり陥没するなどの被害が生じた。直樹さんは自宅からすぐの「そこの自販機に行くのも怖かったです。なんかほんとに夢、夢で歩いているのか、現実なのか」「もう、ほんとに歩くのが怖かった」という。職場への八分の道のりも、何十年と歩いていたにも関わらず、違う道であるかのように遠く感じられた。

　震災翌日からも病院自体は開業していた。直樹さんは半日休むなどしながら病院に通った。病院は近隣の老人ホームから、状態の悪い人が避難してくるなどでごったがえしていた上に、非常扉が開いているなどで、視覚障害の直樹さんには危険が大きかった。「落っこったら死んじまうよ」とも言われ、「自分の職場じゃないような感じ」がしたという。

　食料や水は友人たちによる助けでなんとか確保できていたが、自治体による給付は受けることができなかった。情報が届かなかったわけではない。食料配布や給水車による給水の情報は、ラジオや消防車の拡声器で流されていた。しかし、その場所までは行くことができても、人びとの混乱のなかで列に並び、ルールに沿って物資を受け取ることが困難であることは容易に想像できた。「ああいうところっていうと、もう自分本位でしょ、まわりだか、かまってる暇ないでしょ」。

「かといって友達誘ってまでのことでもなかったんで」。結局水や食料を受け取ることはなかった。

震災以前、買い物や近所への移動は、ほぼ夫婦二人でできていた。それは近隣の地図が頭のなかに描けていたことによる。しかしこれがいったん壊されてしまうと、とたんにそうしたことが難しくなるという脆さがあることがわかる。ただし、震災前から食料や燃料はストックしておくことを習慣としており、ふだんの生活が非常時には成り立たないだろうことに十分に自覚的であった。

また、二人は避難所にも行かず、集団避難の呼びかけにも応じなかった。周囲は自分たちのような視覚障害者に慣れていない。それでかえって気疲れするのではないかと思い、「住めないわけじゃない」こともあり、自宅に残ることにした。しかし後日、いわき市内から大勢の人が避難し、結果的に自宅に留まった二人は、大きな不安を抱えながら過ごすことになった。

■「私たちだけになった」

原発については「ほんとによくわかんないんで、なんかそっち、揺れる方が怖かった」という。ラジオなどでも情報は流されていたが「ピンとこなかった」(久美子さん)。

原発が「爆発」したという情報が入った一五日は、直樹さんの勤務は午前中で終わり「午後からは情報取ってください」という指示が出た。一六日は「どうにもなんないから」休みをとることにし、一七日に出勤してみたところ「仕事できないから休んで」と言われたという。利用していた事業所から集団避難を呼びかけられたが、やはり慣れない場所に行くことを躊躇して応えなかった。

しかし、そうしているうちに友人たちも原発事故を理由として次々に避難し、「最終的には我々だけになった」。瀬谷さんの家の近くには国道が通っており、誰かがそこを歩いていると想像することができた。自分たちだけではないと感じられたことで不安が少し軽くなった。しかし、次第に緊急車両しか走らなくなり「朝五時になるとさびしくなるっつうか、心細いっつうか」「朝、鳥が鳴くのが楽しみ」という気もちになった。それから二週間くらいは、灯油ファンヒーターを使わないよう、こたつでほとんど寝て過ごしていたという。

視覚障害を有していなかったら避難生活も視野に入っていたかもしれない。しかし、避難に伴うさまざまなリスクを鑑みた上で、かれらは避難しないことを「選択」し、そうして結果的にこの地に取り残される恐怖を味わうことになった。原発にほど近い、避難指示が出された南相馬市などにおいて、多くの障害者世帯や高齢者世帯が避難しなかった(できなかった)ことは指摘されている。しかし、社会的弱者といわれる人が避難という選択肢そのものをもてなかったということは、もっと記憶されておかなければならない。震災から七年が経過しようとしている現在でもこのことについて、十分な議論が重ねられているとはいえないのではないか。

(土屋 葉)

第3章

母子世帯の仕事

なぜシングルマザーは震災で仕事を失わなかったのか

田宮遊子

1　母子世帯が被災すること

日本の母子世帯の特徴を端的に述べれば、次のようになる。子どものいる世帯に占める割合は一割に満たないが（厚生労働省「二〇一五年国民生活基礎調査」）、その数は増加傾向にある。シングルマザーの就労率はきわめて高いものの経済的な困窮は深刻である。低賃金と乏しい所得保障が母子世帯の貧困をもたらす要因となっている。

日頃厳しい生活を送る母子世帯であるから、ましてや災害という突発的な変動に直面することで、日々のくらしがたちゆかなくなるほどの大きな影響を受けるのではないか、被災前の生活を回復するには長い時間を要するのではないか、そう考え、調査にのぞんだ。

結論からいえば、被災した母子世帯は、厳しい生活状況にあったが、それが直接被災によるものなのか、あるいは、災害がなかったとしても直面している苦境なのか、その識別が難しかった。

もちろん、母子世帯には被災の影響がみられなかった、ということではない。私たちが聴きとりをした被災母子世帯の多くが、被災後に生活の変動や困難に直面していた。とくに、被災直後の避難生活では、厳しい生活を強いられていた。被災から二、三年たった聴きとり時点でも被災の直接的影響が残る人もあった。たとえば、避難生活や災害による環境の変化によるストレスがもたらす心身の不調が続くことや、また、安定した住居に移れずにいる人もあった。

ただし、わたしたちの調査は、被災直後の被害の状況を知ろうとするものではなく、災害発生前から被災後数年ぶり経過した中長期的な変化の連続性のなかで被災の影響を掬い取ろうというものである。私たちが聴きとりをしたシングルマザーたちは、ふだんから仕事、子ども、親、自身の健康をとりまく諸問題に直面するも、限られた資源や時間をやりくりしていた。そこに大規模災害という突発的な出来事が発生すると、シングルマザーたちは、悩みながらも、その場その場でさまざまな資源を駆使して危機を乗り越えたり、折り合いをつけたりしていた。しかし災害という非日常の出来事へのシングルマザーの対応は、被災前からの生活との連続性のなかで聴きとると、日々の綱渡り的な生活の延長線上にあるかのようにきこえた。被災前後の生活の変化を聴き取ることはむしろ、母子世帯の日常の生活がいかにぎりぎりの状態であるかということを改めて思い知らされるものでもあった。

2　アンケート調査からみる被災母子世帯の状況

（1）年間収入、住居の状況

被災した母子世帯の生活状況について、私たちが実施した「二〇一三いわき市応急仮設住宅入居者調査（以下、「二〇一三調査」と略記）」からは、母子世帯の厳しい生活状況がうかがえた。

母子世帯の所得や資産は他の世帯と比べて低い水準にあった。母子世帯の平均世帯年収は一五八万円と、全体平均の二九九万円の半分程度、母子世帯以外の有子世帯の平均収入（三八七万円）の四割程度の水準にあった。また、回答者全体の七割が被災時に持家に住んでいたのに対し、母子世帯では七割強が賃貸住宅に居住しており、持家は三割を下回った。

さらに、母子世帯は災害に対する民間保険への備えに乏しいという結果がみられた。回答世帯全体では四世帯に一世帯が、損害保険、地震保険、生命保険などの民間保険からの保険金を被災後に受け取っていたのに対して、母子世帯では民間保険を受け取った者はいなかった。母子世帯の持家比率が低いことが損害保険や地震保険への加入率を低めているだけでなく、災害リスクへの自助的な備えをしておくほどの経済的余裕がないことも一因であると考えられる。

(2) 仕事

同じく「二〇一三調査」から被災したシングルマザーの仕事の状況についてみると、調査時点(震災から約二年半経過時点)で、九割近くが就労していた。ただし、就労形態をみると正社員は三割にとどまり、半数はパートや派遣などの非正規雇用であった。働いていても不安定雇用であるがゆえに低所得にとどまるのは、母子世帯の全国的な傾向と同様であった。

シングルマザーの震災前後の仕事の変化についてみると、災害による失業者は少数であった。震災前から就労していたシングルマザーの七割が調査時点で同じ仕事に就いており、震災前と違う仕事に就いている人が二割、休職中が一割であった。震災後も同じ仕事を続けている人の割合は、二〇歳未満の子どもをもつ男性とシングルマザーとで同程度の水準であった。

シングルマザーとは対照的に、「二〇一三調査」から、ふたり親世帯の女親についてみると、震災直前に仕事についていたが、調査時点では求職中や無業となっている割合が高かった。

これらは意外な結果だった。子どもをもつ女性は、非正規雇用で働く場合が多く、さらに被災したとなると、住環境の復旧のための家事や手続き負担の増加、子どもの保育所や学童の閉室などによる育児負担の増加といった不測の事態により、就労継続への壁が高くなり、同じ仕事を続けることは難しいのではないかと想像していた。ところが、被災によって就労への障壁が問題となっているようにみえるのは、ふたり親世帯の女親であって、シングルマザーにはあてはまりそうにない結果となった。

ただし、シングルマザーにとって、被災による仕事の影響が全くない、ということは考えにくい。では、なぜ、被災後も仕事を継続できたのだろうか。また、震災後に離転職をしたシングルマザーにとって、被災による影響はなかったのだろうか。以下では、私たちが実施した聴きとり調査から、探ってみたい。

3　聴きとり調査からみる被災シングルマザーの仕事

（1）聴きとり調査の対象者

シングルマザーは忙しい。仕事と育児と家事を分刻みで調整している日々のくらしの一端が、インタビューのアポとりの段階から早くも垣間見えた。約束の日時を事前に設定しても、当日になって予定が変わり、会えないことがよくあった。逆に、事前の予定合わせはうまくいかなかったが、当日電話をしてみたところ少しの時間なら、と聴きとりに応じてくれることもあった。貴重な休日をインタビューのためにあけてくれた人もあった。老親看護の合間をぬって時間を作ってくれた人や、出勤日の休憩時間や勤務中の手が空いている時間にインタビューに応じてくれた人もあった。

最終的には、いわき在住の七人のシングルマザーと、ひとり親となった成人子の孫を養育している女親（孫の祖母）二人の計九世帯の母子世帯に聴きとり調査を行った。一人は母子世帯の支援団体から、一人は障害者の支援団体からの紹介で、残る七人は「二〇一三調査」回答者で、アンケート調査とは別に、インタビュー調査にも応じてくれた人たちだ。

すべて、高校生以下の子どもがいる母子世帯であるが、そのうち六世帯が母子のみからなる世帯、三世帯がひとり親を含む三世代世帯であった。離別母子が八世帯、死別が一世帯であった。

以下では、震災から二、三年が経過するまでの間に、シングルマザーが経験した仕事をめぐる困難や、困難に対処するためにどのような資源を利用したのかをみていく。

(2) 震災前から勤める働きやすい職場

小沼さんは、中学三年生と小学六年生（震災時）のふたりの子どもを育てるシングルマザーだ。津波で自宅アパートが全壊し、避難所や実家での避難生活を続けた。避難生活の間は、家族で住める家を探しながら、同じく津波被害で半壊した両親の家のかたづけに奔走していた。震災から四ヶ月後に借り上げ住宅に移ることができた。

食品加工会社の正社員として働いてきた小沼さんは、自身の勤め先を、「すごくいい社長」、「良心的な」会社と評している（2014/3/2）。パートタイムで入職して三年経ったときに社長から正社員への転換の打診があり、以降、正社員として働いている。聴きとり調査時点で、勤続一二年になっていた。

震災の被害により、会社は一時的に休業した。その間は賃金のかわりに休業補償が支給された。震災から二ヶ月後に職場が再開したが、自身の家探しと実家の片づけもあるなかで、すぐにフルタイムでの職場復帰というのは難しい。社長の配慮から、小沼さんは半日程度の勤務からはじめ、二ヶ月後にフルタイムに戻ることになる。

小学校五年生と二年生（震災時）の二人の子どもを育てるシングルマザーである川島さんも、小沼さんと同様、震災前後で同じ職場で働いている。一日六時間前後、週五日のパートタイム勤務で販売の仕事をしている。時給は最低賃金で固定されており、最低賃金の引き上げに伴って時給が上がる以外の昇給はない。それでも、家庭事情や健康問題に融通のきく働きやすさから、勤続は一〇年になる。

川島さんは地震で自宅アパートが半壊したことに加え、原発事故の影響を懸念して関東地方へ避難した。避難生活はごく短期間で自宅に戻るも、家主からの追い立てにあい、転居を強いられることになる。家主が川島さんを退去させようとした理由は、利益目的であったと川島さんは考えている。借り上げ住宅としてアパートを被災者に提供する場合、家主は市が設定した家賃収入を得ることになる。川島さんが居住していたアパートの家賃は借り上げ住宅の家賃より低かったため、従来通り川島さんに貸すよりも、借り上げ住宅として別の被災者に提供すれば高い家賃収入を得られるということだ。

震災後に被災者が流入したいわき市内は住宅難となり、川島さんは家探しに苦労する。結局、元の住居から車で片道一時間かかる場所にある借り上げ住宅をなんとか確保した。

震災前のアパートは職場の目と鼻の先にあったが、転居後の借り上げ住宅からは、通勤に時間を要するようになってしまった。職場から交通費は全額支給されないため、ガソリン代の出費も重くなった。くわえて、子どもの送迎も川島さんの新たな負担となった。子どもが転校をしなくてすむように、住民票は残したまま転居したため、学校と自宅との距離が離れてしまい、子どもの学校への送り迎えが毎日必要となった。

子どもの送迎と自身の通勤にかかる時間的、金銭的負担が新たに発生するというマイナス要因をおいても、川島さんが職場を変えない理由は、「融通」だという。例えば、子どもの参観日や運動会への参加のために仕事を休みやすいという。

「私が変わらないたぶん理由は、融通が利くんじゃないでしょうか。（…）『ちょっと私、今日、子どもの学校に。いい、一時間抜けて？』って言うと、『いいよ、いいよ』みたいな。」（2014/8/22）

川島さんは持病も抱えているが、そのことも社長は理解しており、震災後に再び体調が悪化したときにも休みやすかったという。

「ここみんな分かってる。『具合悪いのね、分かった。じゃあ今日、来ないね』っていう感じでもう。もう、そういうのも全部。」（2014/8/22）

被災した個々人の状況に配慮のある職場に恵まれた小沼さんと川島さんは、震災前後で職場をかえることなく、就業を継続できている。しかしそれは、震災という突発的な出来事だから事業主が寛大な措置をとった結果というよりも、ふだんから働きやすい職場であったことの延長線上にある配慮だったといえよう。

小沼さんの場合、震災前から正社員としてすでに安定した雇用形態にあり、さらに、被災したことへの十分な配慮が得られていた。震災後は休業補償を受け、職場再開後は被災した小沼さんの状況への配慮から時短勤務を経て、フルタイム勤務へとソフト・ランディングできていた。

川島さんの場合、震災の影響で自身の健康状態が悪化し、また、遠方に転居せざるを得なくなったことで通勤と子どもの送迎負担が増えたというマイナス要因が生じた。これに対して、ふだんから学校行事などに何かと融通のきく職場であったところ、震災後も配慮を得られ、就労継続につながった。

ただし、川島さんが経済的には震災前後を通じてかなり苦しい状況にあることは、小沼さんとは異なっている。川島さんの仕事からの賃金は低く、昇給もなく、労働条件は良いとはいえない。子どもの進学費用、住居が不安定であることなど、生活不安を抱えながら、同じ職場での仕事をつないでいる状況が、震災前後を通じて続いている。

(3) 人手不足の産業での仕事とキャリアアップ

訪問介護の仕事をしている七海さんも、震災前後で同じ仕事を継続している。ただし、七海さんが就労を継続したのは、震災前後に福祉施設で人手が不足しているなか、やめるという選択肢はとれなかった、というやや消極的な理由があてはまりそうだ。

七海さんは、小学二年生と五歳（震災時）の子どもを育てるシングルマザーだ。震災による自宅アパートの損壊はなかったものの、子どもを預けて訪問介護を続けるために、一時的に実家に身を寄せることにした。七海さんが提供する訪問介護の利用者にとって、もしも災害でサービスがストップしてしまったら生活が成り立たなくなる。よって七海さんは、震災後も引き続き、実家に子どもを預けながら、片道二時間かけて利用者宅に通い、訪問介護を続けた。

七海さんはその後、原発災害の難を逃れるために集団で遠方に避難することになった訪問介護利用者とともに、関東地方に移動することになる。利用者が避難するにあたりヘルパーが足りなかったこと、原発事故の子どもへの影響が不安だったことから、自分の子どもをつれて、ヘルパーとして遠方避難に同行した。遠方避難先では介護業務で多忙を極めた。避難先での泊まり込み業務は一ヶ月以上におよび、そのうち、一〇日間程度の期間、子どもは遠い親戚のもとに急きょ預けることになった。

こうした状況で、子どもたちは大きなストレスを抱えることになった。長子は、母親が自分たちよりも仕事を優先させていると感じ、預け先では七海さんからの電話に一切出なかったという。「あまり何も言わない上の子に『結局おかあさんは、利用者さんだよね』、みたいな感じで言われ」たという（2013/4/22）。末子は勤務先から電話をかけるたびに泣きつづけ、自宅に戻るころには円形脱毛症を発症するに至った。この経験を経て、末子の七海さんへの甘えが一層強くなっていったという。

七海さんが震災直後からヘルパーとして長時間労働に従事する一方で、子どもたちは不安を募らせていた。この七海さんの行動は、自身の育児をある程度犠牲にして、ヘルパーとしての職業倫理を優先させたものといえよう。ただし驚くべきは、このときの七海さんの雇用形態は非正規雇用であり、厚生年金や健康保険に加入せず、賃金は月額一二〜一三万円程度であった。同じ事業所には正社員の待遇の職員もいるなか、不安定な雇用形態で、緊急時に、家庭を犠牲にするまでの責任を負い、多大な貢献を果たしていた。こうした震災時の勤務を経て、その後震災から二年経過した時点で、ようやく正社員になることができた。

介護職の仕事は好きだが、勤務先の待遇については不満を抱く七海さんは、震災後に介護福祉士の勉強を始め、見事合格した。今後は、ケアマネージャーの資格も目指していくという。資格を取得したことにより、福祉職内でより良い労働条件の職場に転職することを考えている。

転職を考えているのには、待遇面のことだけでなく、子どもとの時間がとれないことも大きな要因の一つでもある。

「比較的みんなで笑うようにはしてますよね。そして、みんなで泣きます。（…）それしかないですよね。難しいですよね。お金は、変な話、借金しても何でも、何とか贅沢しなければ。ただ、子どもといる時間っていうのは。どうしても働かなきゃならないし。どうしても休めなかったり。そこが、こう全部一人なんだなって、ふと思いますよね。下の子が熱出した時は、仕事を休むんですよ。でも、上の子が熱を出した時は休まないです。それは、今までパートだったというのもあるし。でも、正社員になったからって、休めるかといったら、やっぱり休めるわけじゃないし、いくら基本給があったって。」（2013/4/22）

七海さんは、子どもとの時間の確保に悩みながら、日々、育児と仕事の両立に奔走していた。さらに、震災後は、遠方での泊まり込みの業務に従事したことで親子が一時的に離れて生活せざるを得なかった時期もあり、精神的により不安定になった子どもと向き合う時間は、ますます必要になると感じている。そのようななか、自身のキャリアアップのために、就寝前の時間をつかって資格取得の勉強に励んでいた七海さんのパワーは、計り知れないものがある。

（4）就労意欲の高さが可能にした被災後の離転職

次に、被災後に離転職を経験したシングルマザーについてみていこう。

渡辺さんは中学三年生、中学二年生、小学五年生（震災時）の三人の子どもを育て、永井さんは高校一年生と中学二年生の二人の子どもを育てるシングルマザーだ。ふたりとも、震災後に離職を経験している。ただし、震災等の影響でやむなく失業したというよりは、自発的な失業であった。離職後ほどなく再就職が決まり、失業期間は短期間にとどまった。

渡辺さんは、自宅が全壊し、仮設住宅が決まるまでの二ヶ月間を避難所で過ごした。震災前から続けていたパートタイムの販売の仕事に避難所から通勤した。避難所からの通勤は労力もかかるうえに、交通費は一切支給されなかったため、次の仕事の目途がたっていないものの辞職した。その後、辞めた職場の同僚から仕事の紹介があり、面接に合格した渡辺さんは送迎の仕事をはじめた。震災後約一年経過後の再就職だった。「どうですか今のお仕事は?」と尋ねると、開口一番「楽しいです。」という返答だった(2014/3/2)。拘束時間が長く大変な仕事だが、やりがいがあり、賃金は月額約二〇万円前後と前職から倍増した。

永井さんは、訓練手当付きの研修を受けている途中で被災した。震災で訓練が一時休止したこともあり、また、訓練を受けて資格を取得したとしても高い賃金を得られる見込みはなく、コストに見合わない研修と判断し見切りをつけた。かつて相談員の研修を受けたＮＰＯのスタッフから声がかかり、そのＮＰＯのスタッフとして避難所を回り被災女性の支援を行う仕事に就いた。実家に身を寄せて家探しを並行して行う多忙さのなかで、未経験の新たな仕事に従事することになった。その後、被災女性支援の経験をいかし、被災者への相談や見守りを担う生活支援相談員に採用される。これは、失業中の被災者への緊急雇用として予算化されたものであった。

震災、津波、原発災害の直接的・間接的影響によって忙しさが増しているなかで、転職に成功し、新しい仕事に挑戦し、就労収入を得て家族を支えてきたふたりの積極性、柔軟さ、バイタリティーの原動力についで話をむけると、ふたりからはおもいのほかひかえめな言葉がかえってきた。これまでも誰かが助けてくれることで困難な状況を脱してきたという。
渡辺さんは、特別親しい人間関係がなくとも、助けてくれる人がいるとかたった。

「何か大変な時にうちがぶつかっても、必ずどっかから手をさしのべてくれる人がいるんです、どんな時も。それでうまく、その大変な時期を回避できてるんですよ、今までの人生で。（…）とにかく誰かが、必ず誰かが手をさしのべてくれる。（…）偶然的にもとか、ホントに何か運良く、こう大変だなというのも切り抜けてこれてるから。だから人に恵まれているね、っていつも言うんです、うちらは人に恵まれてる。大変な時に誰かが必ず助けてくれる。だから自分たちで何とかなってきたというか、誰かの助けがあったから、こうやって。」（2014/3/2）

永井さん自身の力で就職口を切り拓いていったのでは、との問いかけに次のようにかたった。

「自力っていう意識がなくて、どうしようと思ってると、声を掛けていただくことが多くて、わたしは何か、こう、ちょっとこう、何だろうな、救われた感、感覚があります、わたしは。自分では何も能力もなくて、あ、じゃ、こうしよう、ああしようと、自分からとっさに判断できてるわけじゃないんです。どうしようこの先って思ってると、声が掛かるんです。」（2013/5/9）

困ったときにはぎりぎりのところで助け舟が出され、なんとか切り抜けてきた経験があり、震災後の困難も同じように乗り切れたという。渡辺さんと永井さんにとって、震災後の生活の変動は、ふだんの生活の困難とまったく異なる次元のものとしてではなく、日常の延長線上に位置づけられていた。

一般的に、就業率は高いものの就労収入が低位にとどまっているシングルマザーたちにとって、条件のよい仕事があれば転職に踏みきることは、選択肢のひとつとしてふだんから意識されている。震災後の避難生活の中で、家探しなど新たな困りごとに時間をとられながらも、就労意欲を維持し続け、就労のための準備が常に整っているからこそ、逃すことなく再就職の機会をとらえ、より条件のよい仕事を獲得することができたのではないだろうか。

4　おわりに

被災した母子世帯では、住居の移動による通勤時間や送迎時間の増加、子どもへのケア負担の増加により、シングルマザーの仕事と育児との両立がより厳しい状況がもたらされていた。そうした被災によるさまざまな変化のあるなかで、聴きとり調査を行ったシングルマザーが仕事を継続できた要因としては、正社員か非正規かという雇用形態にかかわらず、震災前から仕事と育児の両立に柔軟に対応してくれる職場であったこと、福祉やサービス業といった震災による被害が比較的小さい産業の仕事に就いていたことが挙げられる。

また、被災後により条件の良い仕事への再就職が可能となったシングルマザーについては、福祉やサービス業といった震災後も求人が少なくはないという労働需要側の要因だけでなく、シングルマザーたちのキャリア意識の高さも大きな要因となっていると考えられる。常により良い仕事に就こうとアンテナをめぐらせ、新しい環境、新しい職場に即座に対応できるように時間をやりくりすることで、転職機会を逃していない。さらには、仕事の傍らで職業訓練に参加したり、資格取得のための勉強に励む努力も怠らないことが、ステップアップへとつながっていた。

ただし、シングルマザーの就業継続や離転職、育児と仕事の両立の困難は、被災したシングルマザーに特有のものかと言われれば、そうではない。むしろ、災害という非日常の出来事への対応は、経済的にも時間的にも綱渡り的な日々の生活の延長線上に位置づけられており、母子世帯の日常がいかにぎりぎりの資源の選択のなかで成立している状態であるかを逆に浮かび上がらせていた。

第4章

障害者世帯と生活の立て直し

「しごと」をめぐって

土屋 葉

1 はじめに

就労は、障害者福祉の領域において論じられることの多いテーマである。就労形態や雇用条件、賃金、制度・政策面、人的サポート等については多くの研究蓄積があり、いわゆる一般就労のかたちで働く場合には不安定で、低賃金になりがちであることは指摘されている（山村 2011、大村 2013 など）。一方で、通所施設等で作業を行って工賃を得るという福祉的就労についても、そのあり方をめぐって多くの議論がある（松井・岩田 2011、伊藤 2013 など）[1]。

しかし、障害のある人にとって、働くとは必ずしも雇用されて働くことを意味しない。また就労支援施設に通って工賃を得ていても、「就労」として捉えられていないことがある。ここでは就労に限定することはなく、障害のある人が働くということを「しごと」として広くとらえていく。

本章では、障害のある人およびその人を含む世帯が受けた災害による影響および、そこからどのように生活を立て直していったのかについて、「しごと」を軸としてみていきたい。聴きとりでは、自営業の経験、福祉的就労の経験、出稼ぎの経験など、さまざまな「しごと」にかかわる経験が語られた。そして震災で「しごと」を失った人たちは、その「しごと」を再び取り戻そうとする際に、生活をどのように立て直していくのかということ、これとあわせて、どこに誰と住むかといったこと、また自身の障害について、「しごと」と重ね合わせて考えざるを得ない状況に置かれているように思われた。

この章では、釜石市および岩手県沿岸部において聴きとりを行った七事例のうち、工藤さん、小泉さん、堀内さん、武藤さんの四世帯をとりあげる。工藤さんと小泉さんはいずれも視覚障害をもち、震災前は自営業を営んでいた。堀内さんは友人の手伝い等により現金収入を得ていた。一方武藤さんは、福祉的就労を含む複数の事業所を利用していた[2]。

結論を先取りすると、工藤さんと小泉さんの例では、生活の立て直しを図る際に、共通して「しごと」とすまいが強く結びつけられ、いくつかのネットワークによって自営業の再開が果たされていた。また小泉さんと堀内さんの例については、置かれていた状況は異なるものの、震災後に生じたさまざまな出来事や出会いにより、「しごと」および自身の障害への意味づけが変化していた。これらの背景にあるものについても考えていきたい。

2 「戻ってはいないが、落ち着いた」――工藤さん

全盲の工藤大介さん（五〇代前半男性）は、海から一〇〇メートルほどのところに位置する持ち家の一角で鍼灸院を営んでいたが、震災により「跡形もない。土台だけが残」るという建物全壊の被害を受けた。地震直後は、同居していた弱視の妻であるめぐみさんと子ども三人の五人で山を越えて体育館に避難した。翌日の朝、探しにきてくれた親戚と再会し、別の避難所に避難していた母と六人で、親戚宅で三ヶ月強の避難生活を送ることになった。五月くらいまで、めぐみさんと共にボランティアとしてはり・マッサージを行うために、避難所等へ通う日々を過ごしたという[3]。

二〇一一年五月、自治体によるプレハブ仮設住宅入居の募集が始まった。工藤さんの世帯は自家用車を持たないため、公共交通機関が利用でき、役所や旧市街地にも近い場所に建設される住宅を希望した。しかしその時の心もちについて「まずは住むところでしょうね。（通勤や通学に便利である等）選択の余地はない」（2012/8/14）と語っている。

同じ頃、旧市街地に大型商業施設Xが再建されることになった。工藤さんは、親戚の一人が電気工事に携わることになった関係で、この施設のテナントのひとつとして鍼灸院を再開したらどうかと声をかけられ、七月にはテナントへの入居が決まった。

一方で、申し込んだプレハブ仮設住宅の抽選にはすべてはずれ、七月になってようやく決定した住宅は

旧市街地から車で二〇分以上かかる不便な場所にあったことから、夫妻は途方にくれる。申し込み書類には二人が視覚障害があることは記入しており、役所にも決定した勤め先のことを伝えたが「車で通ってください」と言われ、交渉はできなかったという。工藤さんはこのとき、「しごと」かすまいかの二者選択を迫られた、と振り返っている。すまいを選択すれば通勤の困難は回避できないが、この機会を逃したらいつ仮のすまいが見つかるかわからない。

しかし、偶然にではあるが、この選択の実行は免れた。たまたま不動産屋をみつけ「ダメモトで入った」ところ、旧市街に近い賃貸の一軒家を紹介されたのだ。新たな職場へも国道を歩いて一〇分程度と願ってもない条件の物件の出現に、夫妻は即決して契約をし、プレハブ仮設住宅の入居を断った。工藤さんとめぐみさんと子ども三人は、二〇一一年八月一日に、この借り上げ仮設住宅に入居した[4]。もともと別居だった母も、別のプレハブ仮設住宅への入居が決まった。

それから約一年が経過した二〇一二年八月、私たちはこのすまいを訪れ、夫妻に話を聞いた。津波の被害にあった住宅だったというが、通されたリビングであろう部屋は、一通りの家具等もそろった落ち着いた空間であった。職場への通勤について、道路が狭いこと、また震災後、未だ歩道の整備がなされていないこと、とくに天候が悪い日などは荷物を抱えて歩くことが困難であることなどが語られたものの、工藤さんの世帯が一定の安定した暮らしを取り戻していることが感じとられた。

当時、借り上げ仮設住宅の無償提供は、二〇一四年七月末日までとされていた。その後は家賃が発生すること、さらに災害公営住宅へ入居するという選択肢もあるが、一度入居すると、被災者生活再建支援制度による支給金が受けられないこと、また「(支給金は)安い金じゃないでしょうね」と、金銭的問題に言及されている[5]。この時点で、自宅の再建も選択肢にのぼっていたようだった[6]。

二〇一三年八月には、商業施設Xにある鍼灸院に、予約が入っていない時をみはからって訪問した。とは言え、飛び込みのお客も多いらしく、工藤さんは時々席をはずしながらのインタビューとなった。めぐみさんからは、鍼灸院の集客は順調であること、具体的には新規の利用者が増え、テナント料や光熱費を差し引いても収入は増えていることが語られた。「やっぱりこういう場所って、集客力ありますよね。(…)やっぱりXって、一つのブランドだと思うんですよ、地域の人たちにしたら。うん、だから『Xにある鍼灸院』みたいな」(2013/8/28)。

このときは、近居であった母と同居するための、新たな二世帯住宅の建築に際しての地鎮祭が行われる、まさに直前だった。新築の費用は前述の支援金と、「たまたま」入っていた地震保険の給付金が当てられるということだった。土地は母の自宅があったところで、家を解体して更地にし、さらに盛り土をして建築することにした。土地については、震災で甚大な被害を受けたこの地域で、新たな家を建てるための土地を探すことがむつかしいこと、震災後、土地の値段が高騰していることが語られた。また、現在のすまいよりは職場が遠くなるが、バスで通える範囲であるということ、また海から遠いわけではなくその点では津波被災の不安が残るが、その際には裏山にすぐに避難できる土地であること、避難所となる学校が近いこと、さらに山の方に行くと交通が不便になることなど、その土地に住む決断をした理由が説明された。

二〇一四年一〇月の訪問時には、住宅を再建し、この年の三月に新居へ引っ越したこと、鍼灸院は変わらず賑わっていることが語られた。新居の住み心地はと問うと、すぐさま「いいですね」という答えが返ってきた(2014/10/6)[7]。

また二〇一五年九月には、震災から四年半が経過した現在の心境について、「戻ってはないかな。落ち着いたんだな」「帰る場所ができたっていうことですかね」と語られた。四月から、子ども二人は進学して家を離れたが、遠方に住んでいた別の子どもが帰郷、鍼灸院を手伝っているという。住宅環境、世帯状況はめまぐるしく変化したが、「帰る場所ができた」という二人の表情は明るかった。将来的には、自宅の敷地内で開業することを考えていることも述べられた。「やっぱりそれが自分にとっては一番楽ですよね」(2015/9/23)。

工藤さんは自宅での「しごと」とすまいを同時に喪失した。すまいに関しては、プレハブ仮設住宅の供給および情報提供に配慮がなかったため苦労したが、自ら動くことにより条件に合う借り上げ仮設住宅へ約五ヶ月後に入居した。さらに震災から三年で住宅の再建を果たした背景には、地震保険による給付金に加え、稼働世帯であること、世帯収入の増加、自治体による被災者への住宅再建に関する支援制度があったことが推測される。また、「しごと」に関しては、親族が仲介したことにより、八ヶ月後には新たな場所で再開した。個人事業の再開が困難であることはよく指摘されるが、工藤さんのケースは、親族ネットワークによる力が大きかったといえるだろう。また、「しごと」の再開にあたっては何よりも、職場とすまいの近接、またはアクセス可能性が重要であり、「しごと」にあわせてすまいの場所の検討がなされていたことに注目したい。

3 「ここ以外だったらどこに行っても同じ」──小泉さん

全盲の小泉さん（五〇代後半男性）は弱視の妹と同居していた。港から五〇〇メートル離れた市の中心部において鍼灸の治療院を営み、同じ建物の二階、三階部分を自宅として住んでいた。

その日は、近所の女性らが妹と小泉さんを小学校跡地のグラウンド、さらに高台の寺まで手引きをしてくれた。寺では二週間の避難生活を送ることになったが、トイレの使用をはじめとし、情報が受け取れない、物資が確認できない等多くの困難があり、「がまんして」体調を崩した。一〇日ほど経ってから、普段からよく利用していた身体障害者福祉センター（以下「福祉センター」と表記）へ自ら連絡をして、そちらに移った。

二〇一一年五月、自治体によるプレハブ仮設住宅の募集をみて、もともと住んでいた場所近くに建設予定の住宅に申し込むことにした。この際、小泉さんは以前住んでいた地域にこだわった。その理由としては主に二つある。まず「慣れたところ」すなわち、かつての自宅に近い方がよいと考えたことがある。買い物等を担当していた妹の視力低下も進んでおり、なじみのない地域では「慣れるのに時間（が）かかるだろう」という心配もあった。二つめに、建築士による無料診断において大規模半壊と認定された自宅が、構造上の問題はなく修理すれば住めると判定され、自宅へ戻る見込みが得られたことがある。入居申し込みに際しては事前希望調査があり、小泉さんの、「わかりやすい場所にしてほしい」という希望は担当者に伝わったようだ。また役所からは、福祉センターの近くに「(借り上げ仮設住宅である)アパートもありますよ」という情報提供もあったという。

六月、小泉さんは妹とプレハブ仮設住宅に入居した。同じ鍼灸師のなかには、仮設住宅で鍼灸治療を再開した人もいたが、二部屋程度しかない仮設住宅では「治療所のかたちじゃない」ものになってしまうため、施術はしていなかった。その頃のことを、「早く戻りたいなっていう気持ちが強かったですけどね。うちを取り壊さなくてもいい、これを直すだけで住めるっていうことがわかった段階でね」と振り返っている(2013/8/27)。

地震保険には二〇一〇年一二月に加入したばかりであり、「運がえかったとしか言いようがない」(2013/8/27)。この保険金の受給が自宅兼治療院の工事を行う決断を後押しした。リフォーム業者との出会いも早めの治療院の再開を可能にしたが、それは近隣ネットワークからの情報によるものだった。二〇一二年三月、やはり同じ筋からの情報がもたらされ、近所で自営業を営む店主とともに、第四次グループ補助金を受けられることになった。二〇一二年七月に認可され、立替えていた費用の六割ほどが認められたという。

一二月にリフォームが終了した。当面は診療所のみの再開を考えていたが、居住部分もすでに直していたため、周囲に「人もいないしね、危ないなという面もあ」ったが、通うのもたいへんであるし、「まぁここで生活できるんだーばー(だったらば)」と思い、二〇一二月二月にはプレハブ仮設住宅を引き払い転居することにした(2012/8/14)。

二〇一二年八月、私たちはきれいにリフォームされた自宅兼治療院を訪れてお話を聞いた。奥が治療スペースとなっており、使いやすいように手入れされていることが見受けられた。このとき、震災前に比べて利用者は三割～五割ほどに減り、収入は三分の一に減ったことが語られた。自宅の周囲はまだ閑散としており、コンクリートの基礎だけが残っている場所が多くあった。

二〇一三年九月には、収入は震災前の七割程度まで戻り、近隣の鍼灸院が閉業したこともあり、新規の利用者も増えたと語っていた。二〇一四年一〇月に訪れた際には、新たな住居や店舗や宿泊施設等の建物がたちはじめ、風景が大きく変わっていた。小泉さんは、「建物も増えてきてるから、住んでる人も増えてきてるということでね、前よりは少し安心か」「特別、近所同士何がするっつうことはないけども、あれだ、やっぱり居るといいよ」と語った（2014/10/4）。さらに二〇一五年九月には収入はほぼ震災前の水準にまで戻ったという。

小泉さんは「ここ以外の場所であれば、どこに行ったって同じ」だと語った。なぜなら同じ市内であっても、歩いたことのない地域では一人で動けるようになるまでに時間がかかってしまう。「ここ」以外の場所として、盛岡等での治療院の再開ということも考えていたようだ。しかし、まちの復興計画にも期待を寄せて「ここ」に留まった小泉さんは、復興工事が完全におわり、頭のなかの地図が完成して再び一人で歩けるようになる日を待っている。

小泉さんはやはり自宅兼仕事場を失った。避難生活では困難が多く体調を崩したが、以前から利用していた施設に避難してからは環境は多少改善された。極限の状況から抜け出すため、小泉さんは自身のもつ社会資源を最大限有効に利用したといえるだろう。

その後、プレハブ仮設住宅には比較的スムーズに入居したものの、そこでは、従来のような鍼灸の施術を行うことはむつかしかったこと、またすまいと「しごと」の場を一致させたいという希望をもっていたことから、自宅兼治療院の修繕にとりかかる。小泉さんにとって、自宅が残っていたことと、工藤さんと同様、地震保険による給付金を受け取ったこと、さらに近隣ネットワークの助けによりいちはやく修繕に着手できたことが、震災後一一ヶ月で自宅での治療院の再開を可能にしたといえる。客足は徐々に戻り新規の利用者も増えて、収入は震災前の水準まで回復した。

小泉さんのすまいは市街地にあり、近隣に自営業を営む人が多かった。慣れた場所へのこだわりは、ハード面のみならずこうした関係性も含むものであることが推察される。また市の障害者団体の役員を務めていたことから、市職員、福祉センターなどとも一定の関係を築いていたことが、情報や配慮の取得につながり、比較的スムーズな「しごと」の再開につながったのではないか[8]。

4 「気もち的に楽になった」——堀内さん

堀内さん（五〇代前半男性）は高校卒業後、関東地方で職に就いたが、統合失調症と診断され、三年ほどでこの地域に戻ってきた。それ以来、仕事を転々としつつ、三ヶ月から長ければ二年を超える入院を一〇回ほど繰り返し、一〇年程前からは地域生活支援センター（以下「支援センター」と表記）も利用していた。

震災直前は七〇代の母と二人で持ち家に暮らしていた。月二日通院しながら週三日支援センターに通い、魚屋を営む母の手伝いとしてワカメを買い付け、機械で加工して製品にして卸す等の作業をしていたという。また知り合いの手伝いでワカメの煮方のアルバイトをすることもあった。これは、今まで経験した「しごと」のなかでも楽しいものであったという。というのも自宅から近く、作業のあいまに「一服（休憩）もできとった」こと、さらに昔からよく知っている近隣関係のなかで「地元だから、ちょっとぐれえミスっても、へまやっても大丈夫だったから」だと語っている（2103/8/28）。

地震により、海からごく近くに位置していた自宅は全壊した。震災後、母は高齢であること、自宅という拠点を失ったことを理由に魚屋の仕事をやめた。また手伝っていたワカメ加工も、機械が流されたため操業停止し、堀内さんはすべての仕事を失った[9]。

二〇一一年七月にプレハブ仮設住宅に移ってからしばらくは、支援物資を受け取りに出かけることが日課であったが、それがひと段落すると「行くとこがなくて」支援センターに通うようになったという。二〇一二年一一月時点では、平日は「（支援）センターに行って、自転車で帰ってきて、そしてテレビ見て、夕ご飯食べて、またテレビ見て、あと寝ると。朝起きて、また支援センターに行って、同じくりかえし」の生活を送っていた。生活費は、堀内さんの障害年金と母の老齢年金、母が震災後はじめた乾物屋でのパート労働による賃金収入でまかなっていた。プレハブ仮設住宅については「快適です」と繰り返し語られた。不満が漏らされることが多い仮設住宅をそのように表現する堀内さんに私はやや戸惑いを覚えるとともに、以前住んでいた持ち家の劣悪な環境を想像した。

職を探すため、職業安定所にも足を運んだというが「仕事を探すのに疲れた」ともらしていた。一方で、翌二〇一三年の三月にはワカメ加工の設備が整備される予定であり、「手伝ってけろとかって話が来っかもしれねど、思うんですよね」(2012/11/25)と語っている。

その直後、聞き手にはやや唐突に思われたのだが、堀内さんは自分の今後のすまいについて語り始めた。そして災害公営住宅に申し込みを終えたこと、希望する地域、その理由等についてひととおり語ったあと、実は自宅の再建と復興住宅への入居の間で迷っていることに言及した。しかし、家を再建するための費用の捻出に大きな不安を感じていたようだ。「健常者でふつうに働いてんだば、何ぼかのローン組んでも建てんだけど、情緒の薬飲んでんもんだから、仕事が長続き(しない)、補助的なんでね。だから、ローン組めないもん」(2012/11/25)。このとき堀内さんの「しごと」へのモチベーションは、家を再建する(ためのローンを組めるようになる)ということに直接的に結びついていたと思われる。

二〇一三年八月には、この年の二月頃に、スーパーマーケットの社員募集のちらしを見て応募したことが語られた。しかし、その面接試験の際に、薬を飲んでいるのではないかと問われ、さらに「障害者登録したほうがいい」と言われたという。その後、四月に障害者を対象とした求人に応募するため職安に行くと、主治医の意見書を求められた。主治医は「最初は作業所から始めた方がいいですよ」と、福祉的就労をすすめる内容のそれを書いたが、堀内さんは納得がいかなかった。その後、職安から足が遠のいてしまったという(2013/8/28)。

二〇一四年一〇月の訪問の際には、パートタイムの職を得て働いていると話された。その前年二〇一三年の秋に、障害者のための就職相談会に参加し、支援機関の仲介を受けて、先とは別のスーパーマーケットの面接を受けたのだという。この相談会への参加を勧めたのは病院のケースワーカーであり、職業安定所と病院の医師と勤務先をつなぐ役目をしてくれた。堀内さんは、「前は、病気のこと隠してやってたけど、今度はそうじゃないから、みんなわかってっから、もう、気持ち的に楽」と言い、障害者雇用枠での採用について「良かった」と語っている。

無給での二ヶ月間の試用期間を経て、二〇一四年二月からパートタイマーとして働くことになった。勤務は週五日、夕方五時から八時まで三時間、仕事内容は主に商品の品だしであり、収入は月約五万円程度ということだった[10]。勤務先は勤務時間として四時間を求めてきたが、ケースワーカーが三時間を主張し、結果「疲れもそんなにないし、ちょうどいい時間」という働き方が出来ている。働きはじめたことにより年金は手をつけなくてすむようになり、何かのときにために貯金をしているという。

もう家を再建することは考えていないのかという問いかけに対しては、「思わないっつうか、まだ復興住宅に入って、その後に建てるっつう（ことを考えている）」という答えが得られた。以前は一度災害公営住宅に入居してしまうと補助金が支給されないと理解していたが、そうではなかった。この情報は堀内さんに大きな安心感を与えたようだ。「正直に言うと、やっぱり個人的に、家が欲しいなあっつうのはありますね。（…）立派な、立派な家がね」（2014/10/4）。二〇一五年三月には無事に引越しを終え、災害公営住宅に入居、２ＬＤＫの間取りで母親と暮らすようになった。このすまいがとても快適であること、「家を買わなかったことを後悔していない」ことも語られた（2015/9/24）。

震災前は地域ネットワークでフォローを得ながら低賃金、アルバイト等の不安定なかたちで働いていたが、震災の影響を受けて失業した。働くための気力がわかない状態がつづき、二年半ほどの無職の期間を経て、「障害者枠」での就労へ移行した。最低賃金で働き、低収入であることにかわりはないが、病気を隠す人生から病気を人に伝えて働く人生へと転換したといえるだろう。本人はこのことを「良かった」と意味づけている。

再度「しごと」を得るにあたってのキーパーソンは、病院のケースワーカー等であった。また、この低賃金での就労は、母の年金と本人の障害年金によって支えられている。堀内さんは「しごと」を得るために努力を重ねてきたが、この「しごと」への意欲は、自宅再建の希望と強く結びついていたことも見過ごしてはならない。現実には、プレハブ仮設住宅、そして災害公営住宅への入居により、かつての劣悪なすまいから脱出したことで、ひとまずは落ち着いた暮らしを営んでいるようだ。

ただし、二人の生活に不安がないわけではない。母は堀内さんの就職と入れ替わるようにパートをやめた。母の健康状態がよくないことも語られており、今後、母への支援が必要になれば堀内さんの「しごと」の面において問題が発生することも想定される。

5 「自己決定」と「自立」をとりもどす——武藤さん

武藤さん（三〇代前半男性）は、母と二人暮らしである（武藤さんの生活状況については第6章参照）。小学生のときから新聞配達を行っていた。高校卒業直前に以前から患っていたアトピー性皮膚炎が悪化し、治療のために一年間入院。退院後は障害者通所施設を紹介され、二年ほど通っていた。この期間中に再び新聞配達をはじめる。二〇〇三年、二三歳で難病に罹患した。新聞配達は病気が悪化し出来なくなった。その後は県外に二度ほど製造業の派遣社員として赴いたが、やはり体調が悪くなり、一度めは一ヶ月で、二度めは一週間もたずに帰ってきたのだという。

さらに体調は悪化して二〇〇七年から車いすを使用しての生活となり、二〇〇八年から二〇一〇年の間はほぼ寝たきりの状態が続いた。そこから快復したのが二〇一一年ごろだったという。二〇一一年一月に、障害者支援施設の職員から、体力をつけるために生活介護の施設に通所してはどうかという提案を受けた。はじめは週二日のちに週三日通うことになったが、武藤さんにとってこの施設の利用は、リハビリと入浴をするという意味あいが強かったようだ。

震災前には松葉杖を使い、ようやく一時間ほど歩けるようになっていたところだった。当日は母と共にいったん高台の高速道路へ向かった。その後近所の人に車いすをかついでもらい、学校の体育館へ避難した。何日か後には近隣の施設から避難所に職員が派遣されたが、トイレへの移動等は避難していた人に手伝ってもらうなどしていた。また、食事制限のある武藤さんは、避難所で提供されるお弁当をしかたなく食していたが、身体を壊し病院に行ったという。

自宅はほとんど被害がなかったため、しばらくして母と共に戻った。通っていた施設は避難所として使用されたため、五月の連休明けまでは利用できなかった。

二〇一一年八月頃、相談支援専門員から就労支援B型の事業所に通うことを提案され、二〇一二年一〇月まで通った。しかし「体力がつづかない」、「仕事ができない」、「ここにはいられない」と思いやめた。これは武藤さんのなかでは苦い経験として残っている。

二〇一一年秋に、社会福祉法人ＡＪＵ自立の家（愛知県名古屋市）を母体とする、被災地障がい者センターかまいし（以下、「センターかまいし」と表記）が設立された[11]。武藤さんは相談支援専門員からセンターかまいしの紹介を受けたことによりこれまで接点のなかった自立生活センター（ＣＩＬ）や、他地域の障害者とのかかわりを深くもつようになった。自立生活運動の理念に触れるなかで、武藤さんはピアカウンセラーという職業に強く興味を惹かれるようになる。同じ立場にある仲間（ピア）どうしによって行われるピアカウンセリングについては、以前から知ってはいたが、センターかまいしとの出会いのあと、ピアカウンセラー養成のための講習会に参加するなど、さらなる展開があった。そうして武藤さんはピアカウンセラーとして収入を得ることを希望するようになる。「ピアカンは仕事のほうで。（…）そっちの方がいいのかなーとは思ってたんですけど、現実どうなのか、そこがまだ全然わかってないので」（2013/8/27）。

二〇一二年一一月からは、前述したように通所施設をやめ、センターかまいしに週三回通うことになった。これは「ＣＩＬっつうのあっけど、やってみないか」と言われたことによる。武藤さんは「ピアカウンセリングそのものがＩＬだと思っていいから」と言われ、通うことにした（2012/11/25）。それまで武藤さんは、どの施設に通うにも送迎バスを利用していたが、これをきっかけに公共交通機関である路線バスを利用するようになった。このことも武藤さんにとって大きな経験だったようだ。また、釜石を訪れた障害者と接し対話を重ねるうちに、障害があっても地域で「普通」に生きたいと考えるようになったという。

ただし一緒に運動する仲間がいないこと、また運営上の問題もあり、センターかまいしは二〇一四年四月にはＮＰＯ法人として、地域活動支援センターの事業をはじめた。当初武藤さんがめざしていたような自立生活センターの立ち上げにはいたっていないが、二〇一五年四月には、武藤さんは週三日はこの地域活動支援センターに、週二日は車の部品へのラベル貼りを主な内容とする、就労継続支援B型の施設に通うことにした。ここへ通うことは、武藤さんにとっては一般就労をめざすということではなく、名古屋でピアカウンセリングの勉強をするための、費用を稼ぐものとして位置づけられている。「ピアカンもそうだし、ピアカンに関するプログラムを勉強してないということで。その勉強するためにお金を稼ぎに行ってるんで」(2015/9/23)。

武藤さんは発病するまでは一般就労していた経験があり、「もともと働きたかった」と語り、賃金を得て働くことへのこだわりがあったことが示唆されている。しかし発病し入退院を繰り返すなかで、体力がつづかず仕事が続けられなかった苦い経験がある。また障害者施設へ通うなかで、自己決定権や自信を失っていったという。そうしたなかで、震災をきっかけとした自立生活センターとの出会いは、「しごと」に関する考え方を大きく変え、ピアカウンセラーとして「しごと」をするという目標をもたらした。同時に自身の障害について肯定的に捉えなおすきっかけとなったようだ。

武藤さんは二三歳で罹患した。高校卒業後は、新聞配達、製造業などで働いた経験もあったが、病気の悪化によりそれが困難になった。状態がやや快復したため、通所施設(生活介護等)へ通うようになったが、この、障害者福祉枠の施設に通所することで、自分は「障害者」になったと認識していたようだ。

一般就労へのこだわりもあったが、震災をきっかけとした自立生活センターとの出会いにより、自立生活運動の理念である、障害の有無にかかわらず「普通」の生活ができることをめざすようになる。結果的に震災による出会いから、武藤さんは働くことそのものに意味を見出すのではなく、就労を目的を達成するための手段として捉えるようになった。この背景には、武藤さんの障害に対する、ある種のあきらめを前提とした捉え方からの転換――小さな例でいえば、バスの利用を考えたこともなかった場所から、自らを路線バスの利用者として捉え直すというような――があったことは大きいだろう。そして武藤さんは現在でも、自らの進む道を模索中である。

6　おわりに

視覚障害のある二人は専門性を生かし、震災前から安定した収入を得ていた。震災後二人は共に「しごと」とすまいを失い、避難所や仮設住宅での厳しい生活を経験している。工藤さんは離れて住む子どもへの仕送りも出来なくなったことに言及した。その後工藤さんは親族ネットワークにより、小泉さんは近隣ネットワークや震災後に入っていたボランティア団体に助けられて「しごと」を再開した。すまいや仕事再開に際する、複数の自治体等の支援制度を活用し、比較的早い段階での「しごと」の再開、生活の再建が可能となった。視覚障害のある二人にとってこの際重要であったのは、すまいと職場との近接、あるいは職場へのアクセスであった。視覚障害に由来する移動の困難を抱えていることから、職場を自宅と兼ねること、あるいは自宅から職場へのアクセスが容易であることは、欠かせない要件であったことは強調しておきたい。

二人の例からは、もともと安定していた「しごと」に就いていた人は、条件が整えばそれを取り戻しやすく、比較的早く世帯の生活の立て直しに結びついたことがみえてくる。ただしそれは「たまたま」加入していた地震保険による給付金や、親族ネットワーク、近隣ネットワークなどの不確定な要素に左右されていたことも見逃してはならないだろう。

一方、精神障害のある堀内さんと肢体不自由の武藤さんは、震災前は、体調が落ち着かないこともあり、前二者に比べると不安定な生活を送っていた。堀内さんは震災により近隣ネットワークが崩壊し「しごと」を失った。収入も不安定なものであったため、かつての「しごと」を取り戻すという姿勢はとらず、むしろ全く別の職にアプローチしていたが、「しごと」の再開までには二年八ヶ月ほどかかっている。この間、堀内さんの生活を経済面で支えたのは自身の障害年金と母の老齢年金であり、やはりこの世帯に対する一定の所得保障として機能していたといえるだろう。正規雇用としての就労に強いこだわりがあった堀内さんであるが、震災後は、障害者枠での「しごと」を獲得した。初めて障害をオープンにして働くことになったが、このことについては「気持ち的に楽」と語っており、「障害者」としての堀内さんへの就労支援が有効に働いたとみることもできる。肢体不自由の武藤さんも、やはりお金を稼ぐことにこだわりがあったが、震災をきっかけに出会った自立生活運動における理念に強く影響を受け、「しごと」の意味づけが目的から手段へと変化した。また同時に障害者としての自らの生き方に対する考え方も変わって来たようだ。間接的にではあるが、震災という出来事が堀内さんと武藤さんの「しごと」と障害の意味づけを変え、生活そのものにも変化をもたらしたのではないか。

逆にいうと、岩手県沿岸部において、精神障害のある人に対する就労支援策が行き届いていなかった恐れがあること[12]、また都市部では一般的になってきた「自立生活」という考え方が普及していなかったことも推測される。もちろんこれは少数の例にすぎないため慎重な見極めが必要である。ただしこうした動きが今後、この地域に変化をもたらすこともあるかもしれない。いまだ流動的であり低収入におかれている堀内さん、武藤さんが今後どのような暮らしを営んでいくのか、さらに長期的に見守っていく必要があるだろう。

■註

1　福祉的就労とは、障害のある人たちが就労継続支援施設等で行う作業のこと。福祉施設としての扱いになるため雇用関係という形態を結ばず、働く人たちの得る対価は「工賃」と呼ばれ、最低賃金は保障されない。二〇一五年度平均工賃は、就労継続支援B型事業所で月額一万五〇三三円となっている（厚生労働省ＨＰ「平成二七年度平均工賃（賃金）月額の実績について」）。http://www.mhlw.go.jp/stf/seisakunitsuite/bunya/hukushi_kaigo/shougaishahukushi/service/shurou.html

2　その他の三事例は、福祉的就労を含む複数の事業所を利用していた一事例（柏崎さん）、デイサービス（生活介護）を利用しており収入を得ていなかった一事例（宮津さん）、無職であったのが一事例（小林さん）であった。

3　当時のことを振り返って、工藤さんは次のようにも語っている。「最初の頃ってみんな興奮してたし、たぶんこっちも興奮してるし、それこそ悲惨な話をね、ふつうにですよ、『うちの娘と孫が三人死んでねぇ』とかね。『大丈夫、この人？』みたいなね。たぶんそれ、みんなテンションが変だったんですね。だから自分もそういうの聞いても、悲しいとか思わないし。『あぁそうかい、あんたもかい』ってね。でもやっぱりどっかおかしかったんでしょうね、今思えばね」（2012/8/14）。

4　借り上げ仮設住宅は、原則家賃無料となるが、工藤さんはそれを知らずに契約した。つまり情報は行き届いておらず、多分に偶然の要素により左右される状況にあった。

5 仮設住宅供与期間は、当初の二年間から一年ごとに延長された。また、被災者生活再建支援制度により支給される支援金については、災害復興住宅へ入居したとしても、二〇一八年四月までに再申請すれば加算支援金を受給することが可能となっている（総務省「生活を再建する」）。http://www.soumu.go.jp/main_content/000136039.pdf

6 工藤さんは震災前には、月一回、片道二、三時間かかる盛岡まで、はりの勉強会へ通っていた。駅までは家族の送迎を受け、盛岡までは電車で一人で移動していた。しかし震災後は、この会に「あまり行きたくない」、「面倒くさくなってくる」、「そこまでは気合い入んない」（2012/8/14）という気もちになり、ボランティアの送迎を受けてようやく通えていたという。震災発生から一時期の間は、送迎をはじめとしたさまざまな支援を行うボランティア団体の活動が機能し、またこれが工藤さんにとって拠りどころとなっていたことが推し測られる。移動支援については土屋（2014b）を参照のこと。

7 自らのそうした状況について「申し訳ない」という言葉を使った。「どんどん個人差ができてって。まぁうちなんかもそうだから申し訳ないんすけど、家を建てて引っ越したとかっていう人もあれば、まだまだ仮設暮らしの人もあれば、見通しの立った人もあれば、立たない人もあれば」（2014/10/6）。

8 小泉さんは、津波の被害によって周辺環境が一変したことにより生活に大きな影響を受けた。とくに大きな問題は買い物と通院であり、自身も弱視の妹も、一人で歩くには難しい環境になった。それまでヘルパー制度を利用したことがなく、またまとまった買い物をする際にも車両の利用ができないなど使い勝手が悪いと感じていた。二〇一二年八月には「ボランティアさんが来てくれっから、外出できるようなものでね」（2012/8/14）と語られている。二〇一三年一〇月、ボランティアによる送迎サービスが終了した直後から、小泉さん自身は、居宅介護の通院介助サービスを、さらに二〇一四年二月頃より、妹がガイドヘルパーを使って買い物に行きはじめた。同じ頃、妹は腰の圧迫骨折をしてしまったために、家事援助のヘルパーサービス（買い物の依頼・自宅での調理）に変更した。街が相変わらず歩きづらいなかで、天候や体調によっては通院や買い物時に利用する往復のタクシー代（往復で五～六〇〇〇円）が大きな金銭的な負担になっているという。

9　堀内さんは不安感から地震の翌日にかかりつけ医を受診し、そのまま約四ヶ月間入院していた。
10　交通費は一日四時間以上働けば支給されるが、調査時点では支払われていなかった。また厚生年金保険、健康保険にも加入できていないという。
11　東日本大震災後に岩手県・宮城県・福島県において立ち上げられた「被災地障がい者（支援）センター」の活動については土屋（2014a）を参照のこと。
12　堀内さんの場合は、地域ネットワークがある程度機能しそのなかで「しごと」を得ていたことが、支援策の届かなかった理由の一部であるかもしれない。

■文献

伊藤修毅 2013『障害者の就労と福祉的支援――日本における保護雇用のあり方と可能性』かもがわ出版
松井亮輔・岩田克彦 2011『障害者の福祉的就労の現状と展望――働く権利と機会の拡大に向けて』中央法規出版
大村美保 2013「一般就労する知的障害者の経済的自立と地域生活――通勤寮の自立支援モデルとその評価」久美出版
土屋葉 2014a「東日本大震災における障害をもつ当事者による／への支援活動」『東海社会学会年報』6, 25-43
土屋葉 2014b「障害をもつ人への移動支援のあり方の検討――東日本大震災後の移動をめぐる現状に焦点化して」『文学論叢』150, 125-146
山村りつ 2011『精神障害者のための効果的就労支援モデルと制度――モデルに基づく制度のあり方』ミネルヴァ書房

コラム3

東日本大震災後、県外で生活をしている今

東日本大震災から六年以上が経ちました。私は今、神奈川県で生活をしています。

二〇一一年三月一一日、私は出身地でもある福島県いわき市のＮＰＯ法人いわき自立生活センター（当時）に所属していました。当時はあまり聞き覚えのなかった緊急地震速報の音を不思議に思っていると、経験したことのない揺れに襲われました。地震が起きたときは机の下に身を隠し、頭上を守れと言いますが、手動車いすを使用している私にはそれができません。ただ目をつむり、揺れがおさまるのを待つだけでした。自分の自助力のなさを実感した瞬間でした。帰宅可能な人は帰宅し、一人暮らしをしていて、発災時センターにいた障害当事者は自宅には戻らずセンターで避難生活を続けました。そんな時、原発の事故が起きます。ニュース等で情報を得たヘルパーが避難を希望し、介助者が少なくなっていきます。当時、避難するヘルパーに対し「なぜ？」という感情があったことは事実です。でも今はその気持ちはありません。それは決して自分自身の中であの時の出来事が風化したからではないと思っています。全員が被災者なのです。

地域で生活していくことは、災害も含め色々なリスクがあります。でも災害への備えを意識せずに生活するのも、どこか前向きなようで、そうではない気がします。私は、ヘルパーを使わず一人暮らしを続けてきました。ですから被災をしてはじめて、ヘルパーがやむを得ない理由で介助を続けられなくなる可能性があることにきづいたのです。正確に言えば、「わかってはいたけれど……」そんな感じでしょうか。これからはしっかり、備えることを意識して生活していきたいと思っています。その一方で、「減災」、や「災害に備える」ことを意識し過ぎて、自身の生活を窮屈にしたくはないとも思っています。私は今、五階の部屋に住んでいますが、やっぱり住みたい部屋で生活をしたいです。エレベータが止まったら避難ができなくなるけれど、その場合の備えを自分で考えていきたいのです。

震災当時に話を戻すと、私達は、全国の自立生活センターの協力のおかげで約一ヶ月、東京の戸山サンライズに集団避難をしました。物流、医療機関の停止状態の現状から、このままいわきで避難生活を続けるのは困難だった為です。戸山サンライズへの移動手段、宿泊先が決まり、いざ避難しようと呼びかけましたが、三〇名以上の避難希望者のうち、障害当時者は、一〇名にもみたない人数でした。障害がある人達には、ヘルパーが変わる、環境が変わることのほうが大きな壁だったのかもしれません。

その後、福島県の障害者団体で開設した被災地障がい者支援センターふくしまで、神奈川県相模原市にサテライト自立生活センターを設置しました。このセンターは居住スペースで、原発事故の影響を受け、県外への移住を検討している障害者の為に、一時的に生活をして移住をするか福島に戻るか判断するきっかけにしてもらおうという支援でした。私を含め二名がサテライト自立生活センターで生活を始めましたが、私達が生活をした一年間では一人の利用しかありませんでした。現在この活動は終了しています。

私はサテライト自立生活センター終了後の現在も、神奈川県での生活を続けています。チャンスがあれば、またサテライト自立生活センターの様な活動ができればと考えています。最近では、言葉のみで伝えることに時々行き詰まる経験もしてきました。行動で伝えることも必要なのかもしれません。それが効果的かどうかは一度抜きにして、自分自身の中で目標を立てることにしました。そうやって、今後も生きていけたらなと思います。

（小野和佳）

第5章

中壮年ひとり暮らし男性

被災と退職後のくらし

田宮遊子

1　中壮年ひとり暮らし男性という脆弱性の高いグループへの着目

高い脆弱性をもつであろうと考えられる世帯への災害の影響を調べようというのが、私たちの調査の目的であり、当初は、被災を経験した高齢者、障害者、母子世帯、生活保護受給世帯に焦点をあてていた。ところが、聴きとり調査とは別に実施した質問紙調査（「二〇一三いわき市応急仮設住宅入居者調査」（以下、「二〇一三調査」と略記」）の結果からは、高齢者以外のひとり暮らし男性の生活状況の厳しさという、私たちが見落としていた脆弱性の高いカテゴリーがうかびあがってきた。仕事の不安定さ、所得の低さや家族のつながりの乏しさという特徴が、六五歳未満の単身男性にみられた。そこで、中壮年単身男性への聴きとり調査を追加的に行うことにした。

(1) 不安定な仕事と低所得

被災した中壮年単身男性の状況について、まず、「二〇一三調査」の結果からみていこう。

私たちの調査では、震災前後の仕事の変化について尋ねている。その結果、ひとり暮らしの中壮年単身男性の仕事の状況は、同じく稼働世代にある未成年の子どもをもつ男性と比べると厳しい状況にあった。

中壮年単身男性では、震災前の時点で仕事に就いていなかった者の割合は二割だが、震災から約二年半経過後(調査時点)には四割に倍増している。他方で、未成年の子どもをもつ男性では、震災前と調査時点ともに九割が仕事に就いていた。

また、調査時点で正社員として働いている者の割合は、未成年の子どもをもつ男性で七割だが、中壮年単身男性では四割にとどまっており、不安定雇用の割合が高い。

仕事の不安定さは、結果として低い所得水準につながっている。中壮年単身男性の平均年収は二一九万円と、高齢単身男性(二二一万円)よりもやや低く、子どものいるふたり親世帯(三八七万円)の六割の水準にとどまっていた。

(2) 家族とのつながりの弱さ

仕事や収入面での不利な状況にくわえて、家族とのつながりの弱さも、ひとり暮らしの中壮年男性の特徴としてみられた。「二〇一三調査」での中壮年ひとり暮らし男女の生涯未婚者割合は女性で三割にとどまるが、男性では六割を占めていた。婚姻関係や子どもをもつことは家族関係のつながりを広げるが、そうした家族関係のつながりの弱さは、被災からの回復の過程でどのような影響をもたらすだろうか。

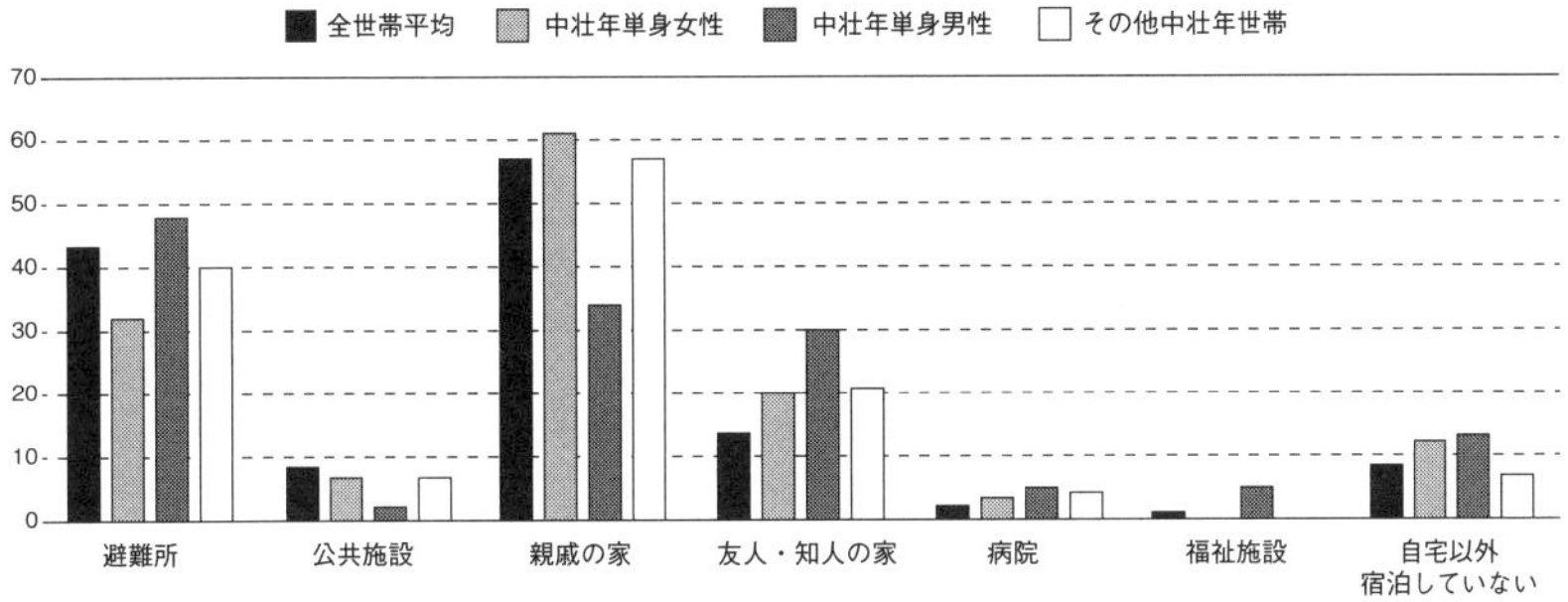

図1　被災後から仮設住宅に移るまでの間に宿泊したことのある場所（%、複数回答）
出所：東日本大震災後の生活再建支援研究グループ（2013調査）

「二〇一三調査」からは、中壮年単身男性は被災後の避難の過程で親戚を頼った人が少ないことがわかった。現在の仮設住宅に入居するまでに宿泊をしたことのある場所について質問したところ（図1）、最も多かったのが「親戚の家」であり、回答者全体の五七％が利用していた。次いで、「避難所」（四四％）、「友人・知人の家」（二四％）と続く。ところが、中壮年単身男性に関しては、「親戚の家」を頼った人は三四％と、全体平均の半分を下回った。この割合は、高齢者世帯や有子世帯など他の世帯と比較すると最も低い。一方で、中壮年単身男性で「友人・知人の家」を利用した者は三〇％にのぼり、これは、他の世帯と比較すると最も高く、全体平均の倍以上の割合である。ただし、このような傾向は女性にはみられない。中壮年単身女性の間では、避難の過程で親戚を頼った人の割合は、六一％と、全世帯平均を上回っていた。

このように、世帯構成、年齢と性別を軸に被災者をみると、高齢単身世帯や母子世帯といった、災害時の「要援護者」とされている世帯だけでなく、仕事と収入面で厳しい状況にあり、かつ、被災という緊急時に家族とのつながりが弱いグループとして、中壮年単身男性が浮上した。このことをうけて、わたしたちは、追加聴きとり調査の実施を決めた。

2　聴きとり調査結果からみる中壮年ひとり暮らし男性の特徴

いわき市の応急仮設住宅入居者約六〇〇名の回答者のうち、六五歳未満ひとり暮らし男性を選り分け、さらなる調査に応じてもよいとの回答を得ている人たちに、片っ端から電話で連絡を入れた。その結果、三人の男性と直接話しができることとなった。そのうちのひとりは事実上の婚姻関係のある配偶者と別居中だった。またもうひとりは震災で配偶者と死別した後に新たな事実婚の配偶者を得ていた。震災前後を通して未婚単身という配偶関係に変化がない方は、青田さんお一人であった。被災時にすでに六五歳に達しており、六五歳未満の中壮年という限定からはやや外れてしまうが、震災前後を通じてひとり暮らしをしていた郡司さんもこの章での分析に含める。

青田さんへは、二〇一四年八月と二〇一五年一一月、郡司さんへは二〇一四年三月一日と二〇一六年二月二六日のそれぞれ二回にわたり、聴きとり調査を行った。青田さん、郡司さんともに福島県沿岸部で被災し、住居は津波で全壊した。被災時に青田さんは六〇代前半、郡司さんは六五歳であった。二〇一四年のインタビュー時点で、両者とも、いわき市内のワンルームアパートでひとり暮らしをしていた。このアパートは、民間賃貸住宅を被災者用に市が借り上げたもので、応急仮設住宅の一種である。その後、青田さんは二〇一四年三月に、郡司さんは二〇一五年一一月に災害公営住宅に移った。両者とも、いずれの段階もひとり暮らしをしている。

（1）震災で失った仕事

青田さん、郡司さんともに、生涯同じ職に従事してきたが、震災でその仕事を失った。青田さんは中学卒業から、郡司さんは中学中退後から、被災する日まで、働き続けてきた。仕事一筋のふたりの年金保険料の拠出歴は長く、現在では生活に困らない水準の年金を受給している。震災により仕事を失ったことは、それによって経済的な打撃を被ったというよりも、仕事が中心の生活が崩れ、生きるはりあいが失われていくこと、人的つながりの中心であった同僚との関係が途絶えるという変化をもたらした。

●青田さんと漁業

青田さんは中学を卒業してからずっと、漁業に従事してきた。

震災当日の三月一一日は漁に出ている海上で地震に遭った。沖に一晩停泊した後に帰港したが、地震による津波を避けるために翌日も沖に出ていた。そのときに福島第一原発の水素爆発が起きた。以来、福島の漁業は操業自粛という状況におかれた。

それでも青田さんは足しげく港やハローワークに通い、船の仕事を探している。震災後の船の仕事といえば、海中のがれき除去や、試験操業による漁に限定されるが、一日でも船の仕事が得られれば海に出ている。陸での仕事をと考えたこともあった。しかし、不定期であっても船に乗れる話があればそちらを優先させるとなると、そんなに都合よく勤務日を融通できる仕事は無かった。

青田さんが船の仕事にあぶれているのにはもう一つ理由がある。

雇われ漁師である青田さんが原発事故によって受けられるはずの東京電力からの補償を雇い主である船主が分配しなかった。震災が起きなくても「解雇したから関係ねえ」（2014/8/24）という言い分だった。このことに異議を唱えた青田さんは、船主からわずか一〇万円のお金を受け取ったが、船主との関係は悪化し、その船には乗れなくなってしまった。船の仕事は口コミによる紹介が多く、船主との関係の悪化は、その後の青田さんの求職活動に悪影響を及ぼすことになった。

震災から四年後に災害公営住宅に入居して以降も船の仕事を続けている。知人から声をかけられ週一回程度のペースで海に出ている。ただし未だ試験操業に限定されており、捕っても売れない魚のために漁に出る状況は、仕事から得られる喜びを失わせている。「俺達はもう船なんか乗れねえと思う」（2015/11/14）という言葉には、試験操業は本来の意味での漁ではないということと、この先本操業再開の見通しは暗いという、あきらめの気持ちが込められていた。

調査時点で六五歳を超える年齢となっていた青田さんの経済状態は、余裕があるほどではないが困窮しているわけでもない。年金と就労収入をあわせて月に二〇万円から三〇万円弱の収入がある。ただし、貯金は無い。二〇一四年のインタビュー時点では、医療保険の保険料を滞納し、無保険の状態だった。翌年のインタビュー時には無保険の状態から脱しており、週に一回の船の仕事が続いている間は、自炊で食費を節約すること以上の節約を強いられることはないように見受けられた。

生活を維持するために仕事を続けざるを得ないというよりも、青田さんにとって船の仕事は生きがいであり、生活のすべてという意味合いが強い。

漁師という仕事への愛着を、次のように表現していた。

「やっぱねえ。船の仕事が一番いいもん。活気があっぺよ。活気があるんだよ。やっぱり自分の仕事に活気が無かったら、やりてぇとも思わねぇ。」(2014/8/24)

仕事以外の日常生活について尋ねると、借り上げのアパートに住んでいたときも、災害公営住宅に移り住んだときも、その答えは一貫していた。「何もやってないよ。寝てるよ。テレビなんか見ねえ。誰か話し相手でもいればね、違うけど」(2014/8/24)、「あとは、なんにも。やることねくて」(2015/11/14)と、語った。

●郡司さんと「茶碗洗い」

郡司さんもまた、震災で仕事を失っている。郡司さんは中学二年生になる直前に転倒し、小脳の外傷による視覚障害が残った。中学は卒業せずに一時期障害者施設に入所し、その後一〇代から六五歳で被災するまで、いわき市沿岸部の同じ職場で働いてきた。宿泊施設と飲食店を経営する職場であったが、視力をほぼ失っている郡司さんができる業務は限られており、長らく「茶碗洗い」の仕事に従事してきた。津波で社員寮が全壊し、避難所から借り上げ住宅に移るとともに、仕事をやめ、年金生活に入った。

郡司さんの従事してきた仕事は過酷なものであったことがうかがえる。毎日泊まり込み勤務で、二四時間働き続けであった。その後、通いでの働き方にかわったことで、仕事は楽になったという。弱い視力で仕事をすることは体力を消耗し、疲れやすい。視覚障害のほかに、心臓の疾患も持っており、健康面、体力面での課題を抱えながら働き続けてきた。六五歳時点で被災したことを契機に仕事を辞めたが、今後再び仕事に就くことは希望していない。

働いていた時の賃金は月八万円程度であった。この中に寮の家賃と電気代が含まれており、食事代は別途実費を支払っていた。この少ない賃金のなかから、毎月三〇〇〇円から一万円の貯金を続けてきた。現在は厚生年金と基礎年金とあわせて月額約一三万円程度の年金と、貯金とで生活をしており、経済的な面で不安はないという。

(2) 頼れる相手の存在と近所づきあい

震災によって仕事を失うことは、仕事を介した人間関係が主であった青田さんと郡司さんにとって、それまでの人的なつながりを希薄なものにした。

●青田さんの仕事を通じた人間関係

一〇代にして早くも生家を出て以来、青田さんは家族と絶縁状態にある。遠洋漁業にも従事するなど、住む場所は海の仕事とともに移動が多かった。海の近くが、もっとも心安らぐ場所だという。

血縁、地縁のつながりを持たない青田さんが、被災直後に頼った相手は、仕事関係の友人だった。津波被害で自分の住んでいたアパートが全壊し避難所へ行ったものの、「おにぎり一つしかもらえねえ。何ももらえねえつう時もあったわ」(2014/8/24)という物資に乏しい状態であったため、避難所を出て、友人宅を頼り、ひと月ほど避難生活を送った。

その後、応急仮設住宅として市が借り上げたワンルームマンションで四年間生活する。この間、仕事関係の友人と姪が、比較的親しいつながりであった。

二〇一五年三月からは沿岸部に建設された災害公営住宅へ入居した。そこは、震災前に青田さんが住んでいた町ではあるが、他県出身の青田さんにとって生まれ育った「地元」ではない。入居が決まった時点で、すでに、その団地に知り合いは一人もいないことはわかっていた。私たちが実施した高齢ひとり暮らしの被災者へのインタビューでは、災害公営住宅に移れば、震災で離ればなれになった昔の知り合いと再び隣近所として生活できることを楽しみにしている方が少なくなかった。青田さんとは対照的だ。

いわき市内の借り上げ住宅に住んでいたときに青田さんを気にかけて会いに来ていた姪は、災害公営住宅に移ると頻繁に訪問できる距離ではなくなり、訪ねてくることがなくなった。

青田さんにとって、もともと知人のいない災害公営住宅への入居であったが、そこで八ヶ月生活した時点で、「隣にはどこの人住んでんだか分かんない」状態であり、「朝、顔洗ったらさ、おはようでもねえしさ、こんちはでも、なんにもねえもん」と言う。あいさつをかわす程度の知り合いはまだできていない。近隣の住人について、「なんか気難しい人ばっか」（2015/11/14）という印象を青田さんは持っている。

団地内で住人同士が知り合うきっかけを行政側が意識的に作ろうとしていることは、青田さんの話しからうかがえる。毎月一回、号棟ごとに清掃日が設定されている。青田さんは毎回出席しているが、その作業中に他の参加者と会話をすることは一切ないという。また、自治会活動も始まっており、青田さんは一年目にして早くも副班長の役がまわってきていた。班長を指名されている住人が高齢でその責任を果たせる状態になく、回覧板をまわすなどの作業を、青田さんがすべて肩代わりしている。こうした住民自治の役割をしっかりとこなしているのだが、それをきっかけに隣近所との交流が生まれる、ということは青田さんにはない。

団地内には知人のいない青田さんだが、仕事を通じた友人が近隣には何人かおり、食事をともにすることがある。借り上げのアパートからこの団地に引っ越す際に車を出して荷物を運んでくれた友人もいる。ただ、こうした漁師仲間は、ごくたまに交流する相手であり、何かのときに頼れる人とまではいかないようである。

三〇代からつづく慢性疾患と加齢によって健康状態が急変することは、青田さんの抱える不安材料の一つだ。つねに控えめな語り口の青田さんだが、「いつぶっ倒れるかもわかんない」自分を支えてくれる恋人、あるいは配偶者が「冗談抜きでほしいよ」(2014/8/24)と語気強くかたっていた。何かの時に頼れる相手が必要だと、青田さんは考えている。

●郡司さんの日常を支える人間関係

青田さんと同じく、郡司さんも血縁、地縁関係によるつながりがない。中学二年生になる直前に視覚障害をもち、施設に入所して以来、家族との関係は途絶えている。中学生のときに他県から移り住み、卒業せずに施設への入所と就職をしているため、小中学校の同級生といった地域での人的つながりもない。

郡司さんにとって人間関係の中心は、長い間ともに働いた職場の同僚であった。しかも、その同僚は、日常生活のハンディキャップを補うサポートを提供していた。買い物や洗濯を郡司さんが独力で行うことは視覚障害のために難しく、日常生活に必要な諸事を同僚が交代で手伝っていた。被災後も、避難所から借り上げ住宅に移るための情報を集め、郡司さんに伝えてくれたのは、職場の同僚であった。その後、同じ寮で暮らしていた同僚は、市内各所の借り上げ住宅にちりぢりに移り住み、交流はなくなった。

災害公営住宅に入居した郡司さんは、自治会活動への参加を促されたものの、視覚障害があることで活動に貢献できないことを気に病み、断ったという。「『私、目が見えないから、行っても何もできませんよ。』って断っちゃったのね。」(2016/2/26) と語ってくれた。

入居してから四ヶ月ほど経過した時点でも、隣人とは挨拶すらかわさない関係にあり、同じ団地にどのような人が住んでいるのかわからない状態におかれている。

職場や近隣以外の交流としては唯一、宗教的なつながりがあった。震災前は仏教系のあつまりと、キリスト教系新興宗教の活動に、震災後は後者に加え、別のキリスト教系の活動にも参加している。自宅までの送迎があり、説教などの音声データを無償で提供してくれ、週に一回の信者間の交流があることは、視覚障害のために行動が制約されている郡司さんにとって参加しやすい活動となっている。こうしたつながりのなかで日常生活の困りごとを話すこともある。郡司さんが外出する際に携帯する白杖は新興宗教の仲間が買い与えてくれた。

このように、視覚障害を有することにより直面する日常生活の問題は、職場の同僚による支援を中心に、宗教的つながりがそれを補完するかたちで維持されてきた。このバランスが崩れ、公的な社会保障制度が郡司さんの生活を支えることになる契機が、震災だった。

住んでいた寮が全壊し、仕事を辞めた郡司さんは、被災者として義捐金や東電の賠償金の対象となり、借り上げ住宅への入居が決まることで、同時に、福祉サービスの対象として捕捉されることとなった。

借り上げ住宅に住む郡司さんを地域包括支援センターの職員が訪ねてくるようになり、介護保険サービスの利用と年金受給が開始する。介護保険のサービスは、週二日の家事援助サービス、週三回のデイサービスを利用している。くわえて、地域包括支援センターの職員が、何か困ったときに相談できる相手として、郡司さんに認識されている。

被災前は年金を受給していなかった郡司さんは、借り上げ住宅の入居後、自身に年金があるのではと思い立ち、年金業務の担当窓口に出向いて調べてもらった。郡司さんの年齢であれば六〇歳から厚生年金を受給できるはずであり、記録上は実際に支給されていた。しかし、郡司さんの通帳には一切年金が振り込まれていなかった。担当者からは、「もしかしてそこの会社の社長もごまかしていたのかな。」(2016/2/26)、と言われたという。それ以降、自身の通帳に厚生年金と基礎年金が振り込まれるようになったが、六〇歳からの五年間の厚生年金は郡司さんには支払われないままとなった。

災害公営住宅に移り住んだふたりが、同じ団地の住人との交流を深めている様子はみられない。ただ、仕事を失うことが生きがいの喪失という大きな断絶をもたらした青田さんとは対照的に、郡司さんにとっては、公的な社会保障制度の利用に結び付くという変化が起きた。視覚障害をもつ郡司さんの場合、離職とほぼ同時期に福祉サービスの利用が始まることで、退職後の生活にソフトランディングしていったように見受けられた。

3　みえにくい中壮年ひとり暮らし男性の生活問題

被災者の中でも、とくに中壮年ひとり暮らし男性で脆弱性が高いことは、阪神淡路大震災の際に指摘されている。額田勲によれば、阪神淡路大震災の仮設住宅での孤独死は、数として中壮年に多く、なかでも、慢性疾患を有し、年収百万円前後の低所得のひとり暮らし無職の男性に多くみられた（額田 1999）。

私たちが実施した「二〇一三調査」でも、中壮年単身男性のあいだに、仕事の不安定さ、所得の低さや血縁関係の弱さがみられ、額田の指摘する孤独死の特徴と重なり合う。

青田さんは、第二回インタビュー時にすでに六五歳以上の年齢となり高齢期に入っているが、持病とつきあいながらも一定の健康状態を維持でき、かつ、船の仕事を細々とではあるが続けていることで、経済的な不安のない生活を送っている。しかしながら、健康と仕事という両輪のいずれかが外れてしまうと、血縁や地縁をほとんど持たない青田さんは孤立する可能性がある。もし健康状態が悪化し、自転車での買い物など、自力での移動ができなくなってしまうと、公共交通機関の乏しいこの地域では外出が困難になるおそれがある。また、健康状態の悪化や、求人の減少によって、船の仕事に従事できなくなってしまうと、生きがいを喪失するだけでなく、仕事を通じたつながりが切れてしまうことにもなる。

家族資源をもたない郡司さんにとっても、退職は社会的な孤立をもたらす可能性があった。しかも、視覚障害をもつ郡司さんにとって、日常生活をサポートしてくれていた同僚との関係が絶たれることは、日々のくらしを危うくすることでもあった。もし、郡司さんに被災という出来事が起きずに、単に離職することで仕事を介した人間関係がとだえていたとしたら、自立生活は可能であっただろうか。震災前からつづいていた宗教的なつながりは、白杖を入手する程度の助け合いにとどまり、公的支援への橋渡しにまで至ってはいなかった。

偶然にも郡司さんは、被災した直後に六五歳になると同時に、社員寮が全壊したことから離職し、借り

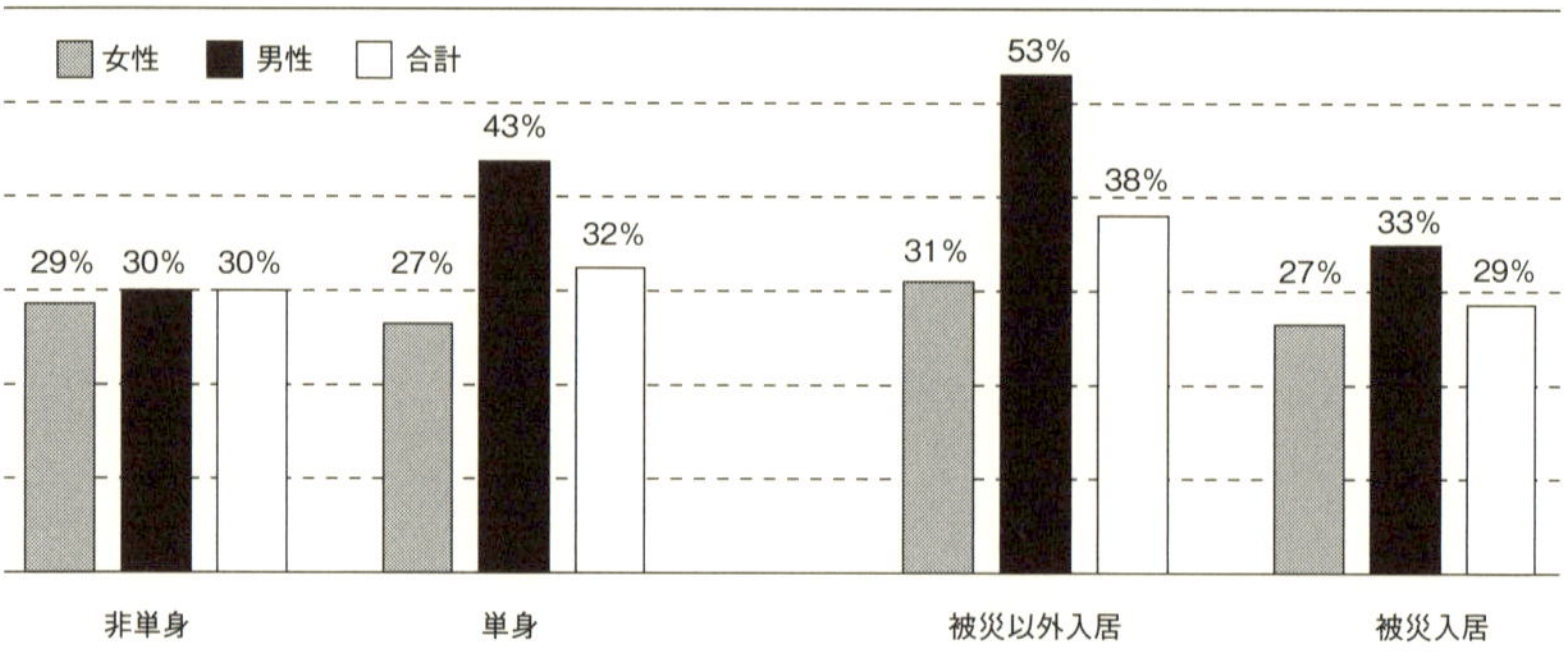

図２　神戸市内災害復興住宅居住者のうち近所の人とほとんど話しをすることがない高齢者の割合
出所：田宮・西垣（2015）

上げ住宅に入居した。つまり、複数のライフイベントが短期間に発生したことで、何らかの支援の必要性の高い被災高齢単身男性として、行政に捕捉され、公的支援の利用に至った。

青田さんと郡司さんの例からは、中壮年の単身男性の生活困窮のみえにくさを示している。しかるべき水準の年金を受給していれば経済的な脆弱性はないが、それがかえって行政サービスとのつながりを遠いものにしている。彼らが高齢化し、健康を損なったり、介護が必要になったときに、介護サービス等の社会保障制度にスムーズにつながるかどうかは、自立生活を維持するためのカギになってくる。家族による支援を得られない郡司さんにとっては、地域包括支援センター職員の家庭訪問がサービスへの橋渡し役としても、その後の継続的な支援としても有効であった。

近隣住民とのつながりが乏しいことは、中壮年単身男性の脆弱性のひとつであるが、仮設住宅や災害公営住宅において、意識的に地縁を醸成することは、簡単なことではないようにみえる。災害公営住宅での住民自治を介した交流促進の効果は、単身男性たちに対しては空回りしているようにみえる。郡司さんの場合、自治会活動への参加自体を断っている。清掃日には毎月参加し、棟の副班長も務めている青田さんだが、隣近所との会話は無い。

そうすると、団地内での自治活動は意味がないものなのだろうか。

以前私は、阪神淡路大震災後に建設された災害復興住宅の二〇年後の現状を探るための調査を実施する機会を得た。その調査項目の一つとして、近隣の人との会話の頻度を尋ねたところ、高齢者に限定してその結果をみると、男性は女性よりも会話の頻度が低かった。近所づきあいにはやはりジェンダー差が大きい。ただし、被災理由で入居した者と、通常の公営住宅として入居している新住民とを比較すると、前者で会話の頻度が高い傾向がみられた（図2）。このことは、被災を理由に一斉に入居した住民同士の間で、自治会活動などを通じた関係づくりが、一定期間経過後もそのつながりを維持するのにある程度有効である可能性を示唆している。

新築の高層団地の一室で、隣近所との交流はなく、落ち着かない気持ちで毎日を送っている青田さんは、インタビューの中で自宅を「白い宇宙」と表現していた（2015/11/14）。居心地の悪い真っ白な壁に囲まれた部屋で、その土地に足がついていないような、宇宙空間にいるかのような感覚は、周囲の人との関係作りが進む中で、変わっていくだろうか。

■文献

田宮遊子・西垣千春 2015「『ベルデ名谷暮らしについてのアンケート』結果報告」『平成二六年度　ベルデ名谷課題解決システム構築支援業務　業務実施報告書』。
額田勲 1999『孤独死――被災地神戸で考える人間の復興』岩波書店

コラム4

想定とは異なる語りを聴く

四人で調査に出かける際、「何も考えずに」「手ぶらで」というわけにはいかない。いくつかの想定があり、聴きとりたい項目を用意して、調査協力者を訪ねた。今回の一連の調査では、そのような想定とは少し異なる場面が少なくなかった。私の勉強不足や準備不足に加え、質問紙調査の質問項目から把握できる生活と実生活のずれがあったということかもしれない。桑原さん（六〇代前半、男性）は二〇一四年三月二日、平山さん（五〇代半ば、男性）は二〇一四年八月二三日、に話を聴いた。

桑原さんのところへは、息子さんが療育手帳を取得して施設入所している、障害のある方がいる世帯という想定でお話をうかがいにいったが、これは誤解でありそのような事実はなかった。聴きとりの途中で息子さんのことをうかがい、その事実が分かった。桑原さんがまず語ってくださったのは、妻のことであった。終始穏やかな語り口で、妻の看護とその死について語ることを望んでおられた様子であった。

震災前は、ご本人と妻と次男、長女家族（夫と子ども二人）と七人世帯であった。長男は県内別所で結婚し暮らされていた。自宅は、持家が大規模半壊、建て替え予定だが、その間、プレハブ仮設住宅に入居した。仮設住宅入居後半年経っていた頃にお話をうかがった。地震により自宅に大きな被害はあったが、家族が亡くなる被害はなく、「地震よりも原発のほうが、あれのほうがかなり痛手」であったと話された。

妻は、浪江町の帰還困難区域に指定された地域の出身であった。「ああいう心配したりしなかったら癌なんか、まあ出ないってことないですけど。癌って長い病気ですからね。潜伏期間がありますから。癌にはならなかったとは言えないんですけども、後一年か二年ぐらいは長生きできたかな。」と話された。妻の通院・入院の経緯、一時退院した際、痛みに苦しむ様子、そしてまた入院される経過、二〇一一年一二月に亡くなられるまでを詳しく話してくださった。

生前、妻とは、「どこに行くにも一緒でしたね。うん。ケンカもしましたけど。うん。でね、うちの女房に、免許取らせなかったんですよ、私。うんとね、優しいのもあるけども、すごくね、色んなことでね、すぐきゃあーとか言うんです。」「そんな人に免許……、俺も会社行ってて心配で仕事になんねえ。だから免許なんて取らなくていいよ。だから、買い物行くのも一緒、私。」と仲の良さそうな様子に、記録を読み返しても胸が痛む。


平山さんを訪問した際、私たちには、単身の中壮年男性に対する震災の影響を知りたいという意図がまずあった。たしかに、現在はひとり暮らしされており、「戸籍上は一人」なのだが、震災前に同居されていた内縁の妻がいて「今ちょっとね、避難しているから、向こうの母親の状態も具合が悪いので、気の済むまで、もう介護しなさいと。」ということでその時は別々に暮らされていた。

震災前の住宅は、いわき市内の親から受け継いだ家であった。自宅の被害は一部損壊で、長期の避難に至っている理由は別にあった。「深刻だったのは、私のところは原発から三〇キロ圏内に入っていたわけなのですよね。それで現在も除染が終了したにも関わらず、平均放射線量というような空間線量で言うと「一・〇ぐらいには平均で。」「除染しても、山に囲まれているところに住宅が建っているので、またすぐに戻ってしまうのですよね。」

原発事故による放射線の被害は住宅だけではない。生業の場である農地も汚染された。「要するに仮に住宅の除染が進んで、住むことは住まれますよって、農地も除染はしましたけどって言ったたって、そこへ帰って向こうで農業を再開して、私達の農産物が売れるだろうかと言ったらば、前みたいな信用を取り戻すのには大変なことだと思うのですよね。」そこで年齢的にも「最後の勝負」と考え、いわき市内で知人の紹介を経て農地を借りた。

原発事故直後から農業再開までは、解体・がれき除去の仕事や、パソコン講習の就労訓練を受けるなどした。住まいについては、知人宅を転々として約三ヶ月後に借り上げ仮設住宅に入居した。これは学生用につくられたアパートで、自宅の環境とは全く異なる。「田舎だったらば、元の家だったらば、家を『ドカドカドカドカ』歩いていたものが、今では『ドカ』ぐらいの状態で、家も狭いし、だけどその選択をしている余地はなかったんですよね」という。

平山さんは原発事故によって、いわき市内の自宅と農地が汚染され、住宅と仕事を丸ごと喪失した。これを本来の姿に戻すのは不可能だが、それにしても補償は少なかった。農業生産物への賠償と義援金のみで、帰る家があるとみなされる者には、災害公営住宅の入居は対象外、入居するのは至難の業という話であった。

いわき市は、世間的には避難者が身を寄せた地域と認識されている。「いわき市としては要するに放射線量の高いところをつくりたくなかったのだと、今になって思うのですけども」と話し、放射能汚染によって避難すべき地域が、いわき市内には存在しないようにみなされるようになったと、平山さんは感じている。

現在の住居や農地でも知人ができ、親切にしてもらっているが「『俺のところは津波で流されて、火災になって、土台もない。』とか言われたら、私らは（自宅が）ちゃんと一応あるわけですからー。すぐ、どういう言葉を返したらいいものか分からない」。しかし、震災以前の住まいで「人も行ったことのない、誰も行かないような入江というのですか?そこでキャンプをしたりとか魚釣りをしたり」、薪ストーブで暖をとったり、イノシシをとって鍋パーティーをしたり、そんな生活が一変したことも、また事実だ。

そうではあるが、農地を得て「何か試験的にやりたいなという血は疼いてはいるんだけどね」、ブルーベリーを栽培したら「放射能の吸収率もすこぶる良くて」など、教えてくださった。私たちは、お話をうかがったあと、新しい農地の野菜、ナスやかぼちゃなどをお土産にいただいて帰った。

今回の調査研究は、公的支援の在り方がテーマの一つであり、質問紙調査では震災後に利用した支援制度を網羅的に把握する多数の選択肢を設けた。聴きとり調査の際、この回答結果について確認してみると、制度を理解して正確にこたえている方、桑原さんのように何となくこれかなという風にこたえてくださった方などさまざまなのだと知った。混乱した状況のなかで支援制度の情報が届いて実際に利用するまでには、世帯ごとに、私たちが想像もしなかったハードルがあるのだろうとあらためて感じた。

他方で、どこかで対象者の線引きを行う制度による支援では、当たり前だが非該当者に支援は届かない、という問題も、平山さんの話からあらためて感じた。正直にいえば、放射能汚染によりいわき市内で避難する方がいることを、私は想定していなかった。上記に述べた平山さんの状況は、質問紙調査への回答からは分からず、たずねてお話を聴いてはじめて知ることができたのである。自分の想定とは異なる語りであることに驚いたが、もっとも印象に残ったのは、お二人ともに今を生きる姿であった。

（岩永理恵）

第6章

被災地の生活保護受給世帯

再認識する不自由

岩永理恵

1　被災地と生活保護受給の経験

二〇一二年、復興庁なる省庁が設置された。被災状況には特別な補償や支援がなされ、それを活用して復興へ、とされる。復興とは、辞書で引くと「一度衰えたものが再び盛んな状態に戻ること」（明鏡国語辞典）の意味である。この意味で復興したとして震災前と同じ状況に戻るわけではないし、必ずしも震災前と同じ状況に戻りたいと願う人ばかりではない。被災地域に住む人びとに対する公的支援として望まれるのは、復興というより、震災前の平常時であれば「当たり前の生活」の回復ではないかと、聴きとり調査を通じて考えた。

そうだとして、平常時の生活保障のしくみである生活保護は、被災した地域が復興に向い、当たり前の生活を回復しようとするなかで、どのような役割を果たすのであろうか。本章では、生活保護受給の経験がある六世帯を取り上げる。注目するのは、震災前後の状況で、各世帯において生活保護受給の経験がどのようなものだったのかということ、このことと関係しながら、被災地域に住む人びとに対して、生活保護はどのような働きをしたのか、である。

語りからみえてくるのは、生活保護もまた、各世帯の生活を変える影響をもつことである。生活保護受給中、収入は保障されるが生活は制約され、スティグマもある。本章で取り上げる世帯において、生活保護によって生活費や受療の問題はある程度解決しても、生活には独特の不自由さがみてとれる。もちろん、震災・原発事故が各世帯にもたらしたものは、生活保護のそれと同じではないし、生活保護による給付が生活を支えていることは疑いない。

震災前後の状況下で、生活保護を受給するという経験がどのようなものか、人びとの生活にどのような影響を与えるのか、それぞれの独特な経験を述べてみたい。

2　被災地に住む六世帯からみる生活保護

（1）震災前から生活保護（医療）に支えられる暮らし――車があれば仕事で自立できるのに

中川さん（六〇代前半、男性）は、夫婦二人暮らしで震災前から生活保護を受けている。受給開始は震災一年ほど前で、きっかけは本人の病気であった。病気により働けなくて受給に至ったことを悔しそうに話した。もう一つ、悔しそうに口にするのは、生活保護受給によって車を保有できず、仕事に支障があると感じていることである。「医療でもって生活保護みたいな感じになっちゃたけども、ただ免許証あって、車運転出来ないものは、ねえ、仕事探したって、田舎だったらやっぱり、車、車必要だもんね。今仕事入っても車ないと自由効かないからね。」と話す（2014/3/3）。

中川さんは、病気になってしばらくは、誰にも会いたくなくなり、「引きこもり状態みたいな感じ」であった。しかし、震災をきっかけに「逆に元気になっちゃった」という。「震災ねかったら自分の殻に閉じこもってたね。うつ病みたいな感じになってたかも分からないね、あれなかったら。自分でもここまで生きると思わなかったもん」といいながら、震災後を、ご夫婦と子ども、孫たちとどのように乗り越えたか話した。体調が回復してからは、電気関係の職人の仕事を再開し、以前からの人間関係があって、仕事は順調に入ってくるという（2014/3/3）。

それだけに、中川さんは、生活保護を受給している生活の不自由さを強く感じている。「元のその一緒にやってた仲間だとか、付き合いのあった会社の社長とかなんかに、ねえ、電話一本すれば、それ、仕事ができると思うんだけど。」「（仕事を）やったら月、一ヶ月まともに行ったら、やっぱり三〇（万円）越えると思うんだよね。」「結構なるんだよね、だから別に。」生活保護を受ける必要がなくなるはずである。「一日でも早く（生活保護を）脱出してえんだね。きつくてもいいから、やっぱり、抜け出してえなあと思う。」車の保有については、福祉事務所のケースワーカーと交渉する必要があるが、それは妻に任せている部分がある。自身は、役所の人とは会いたくないし、話したくない（2014/3/3）。

もともとは、津波被害にあったいわき市沿岸部の市営住宅に住んでおり、そこに建てられた災害公営住宅入居の選択肢もあったが、戻るのは嫌だという。「小せえ部落だから、ふふ。『ああ、生活保護受けてる』とか、なんか伝わっちゃうから、だから嫌なんだよね。そういう土地柄だったからね、結局町が狭いでしょ。まあ、あそこの家で誰がどうしてこうなったって、凄い噂があったから、それが嫌だったから、嫌だから帰んないのよ。」（2014/3/3）。買い物や通院、通勤にも便利な市街地での生活を選択し、二〇一五年には災害公営住宅に入居した（2016/2/22）。

中川さんは、震災前に、病気とそれに伴う医療費支出の困難さから生活保護受給に至った。その過程で生活は一変した。生活保護世帯であることの不自由さを感じ、悔しい思いを語る。この思いは変わらないが、震災そのものは、彼にとってはある意味、良い方向への転機となった。相対的には速やかに借り上げ仮設住宅とその後に災害公営住宅へと入居した。震災前後で変わらず生活保護が日常生活を支える役割を果たしている世帯である。

中川さんの語りから読み取れるのは、生活保護受給経験の厳しさである。いったん生活保護に入ると抜け出るのは容易でない様子もうかがえる。今のところ夫婦で順調に仕事を続けているが、もし生活保護から脱却しても、体調が変化したときの医療費の支払は難しいかもしれない。これは、社会保障制度全体、特に医療保障の在り方と関係しており、中川さんのような状況の世帯が利用しやすい医療の仕組みがあれば、と思わされる。

（2）震災前から生活保護受給、通院と介護生活――「切ない」思い

大山さん（七〇代半ば、女性）は、病気でほぼ寝たきりの夫を介護しながら夫婦二人で暮らし、震災の六年ほど前から生活保護を受給している。大山さんも中川さんと同様に、車の保有は認められず、「市の保護を受けているものだからね、車はだめでね、全部離しちゃったの。」。その無念さを滲ませつつ、体が動かないから仕方ないと納得しようとする様子もうかがえる。「雨降ったりなんかするとね、四十何年も車を回しましたがね、なかなか体が思うようにいかないので、で、免許証も昨年離したんですよ。もう大変な思いでやった中ね（…）車もないことだし、ハンドル握ってだめなんですよね、保護を受けている方は。」（2014/3/2）

また、生活保護受給世帯では、東電の賠償金や義援金について、使用計画を立て、それに基づき申請した物品を購入することで使うことはできるが、現金のまま保有することは認められない。使用計画がない場合は、収入認定し、保護廃止に至る場合もある。この取り扱いについて、「なくちゃならないものは電化製品とか家具とか布団とかそういうものは買ったって構いませんよという。でも私たちにすれば、もう、今は切ないときだから、買いたくないわけ。そんなの目をつぶって暮らせばいいなということが、もうすごくゆとりがあっての生活でないから、何としても使いたくないわけよ、お金はね。だけど、それも買った、これも買ったって。」（2014/3/2）

この「切ない」という表現が、大山さんの言葉になりにくい、何とも言いがたい思いを表現しているように感じた。「朝ね、こないだやっぱ切ない思いしたんな。なんとなく苦しかった。朝、散歩する気持ちで行くの、一二分ぐらいかかんの。と、あの草むらんとこ、こう行くんだけどね、あの車来るとか何とか

でないから、だから、割と楽に今までは行ってたの。で、先月かな、なんとなく辛い思いしたな、行く時。疲れちゃってね。」「今のとこはあれだっては言われるけど、私は切ないの、とってもこの体がね。」という（2015/11/14）。大山さん自身七〇歳を越して病院通いの身であり、病気の夫を抱え、買い物などでわずかな時間家を空けることも厭いながら生活している。

大山さんの自宅（民間賃貸）は、震災で半壊と認定されたが、避難所などにはいかず自宅に一年ほど住み続け、雇用促進住宅の借り上げ仮設住宅へ入居する。家を探し回る余裕はなく、入居時から引越しせずに住み続けられることが希望であったが、二〇一四年三月の時点では、「今となっては、とてもどこにも行きたくないなと思ってね、役所にも相談もしたんだけども、二人ではだめだって。」雇用促進住宅に住み続けるには三人以上の家族世帯ではないといけないと言われ、この時点で入居期限が残り一年であった。結局、雇用促進住宅が災害公営住宅として利用されることが決定し、大山さんは二次募集で当選して永住可能となる。とはいえ、いわき市全体の災害公営住宅の計画が定まらないなかで流動的な状況が続き、市の方針が定まらずに翻弄された期間は決して短くはない。

災害公営住宅が当選しても、保証人探しに苦労する。「ここに入るまでの苦労っていうのは、苦労って、本当に切ない思いしたけど、保証人でね」。八〇歳を超す大山さん自身の兄に「まあなんとか無理言って、お願いして」頼み込んだ（2015/11/14）。親戚付き合いには、生活保護を受給して最低限の生活費で暮らさなければならない状況が影響している。たとえば、お盆の時期のことである「新盆があるときは顔を出さなきゃならないとか。そういうことはしなくちゃならないけど、皆さんが分かっているもんだから、やれることは人並みにはできないけれども、顔出しはやるけれども。」「この姿になってからは、どうしたとも声掛ける人ってのは少ないね。」と話す（2014/8/24)。

困ったときに相談する人といって、三人目になるケースワーカーは、「自分の思ったように来て、居なかったから帰っていったと」、「『さっぱり行かないでごめんね』とも言うわけでもないし。だから、なんか。足元を見てるのかなと思ったり、変な気持ちも持つときありますよ。」という（2014/8/24)。ただ、二〇一五年一一月の聴きとりでは、借り上げ仮設住宅が災害公営住宅として機能するようになり、隣近所も変化してきた。定住先として入居する人びとが増え、空き部屋が減り、自治会活動も生まれてきて、大山さんも近隣住民との関係が出来つつある様子も語ってくれた。


大山さんは、震災前から生活保護を受給し、いわゆる「老老介護」の世帯であった。大山さんもまた、中川さんと同様に、車が保有できないとか賠償金・義援金の使い道に制約があるなど、生活保護受給による生活の不自由さ、人付き合いの難しさを感じてきた。震災後、自身の体調の不安を覚えつつ、夫の介護を一身で担う日々を送っている。震災直後、半壊の住宅に住み続け、借り上げ仮設住宅に入居した。生活保護を受給していることで、スムーズに被災者支援に繋がって、転居できたというわけではない。最後に引用したケースワーカーに関する語りからは、信頼関係のある支援体制が構築されているようには読み取れない。

大山さんの永住できる住居が決まらないことに対する不安は大きく、災害公営住宅入居が決まってほっとされるが、保証人探しに苦労する。復興庁などは「災害公営住宅への入居に際しての保証人の取扱いについて」という通知によって、災害公営住宅の保証人について免除などの配慮を自治体に求めているが、大山さんの場合は、八〇歳の兄に頼み込むこととなった。それでも、相対的には速やかに災害公営住宅での生活が決まり、震災前後において、生活保護によって医療と介護が支えられてきた意味は大きい。大山さんの居住環境の変化、近隣に定住世帯が入居するというように地域全体が安定することによって、人付き合いが生まれ、気持ちが少し変化している様子が読み取れた。

(3) 震災前から断続的に単身で生活保護受給——「やっぱり人間というものは気持ちが小さい」

渋谷さん(五〇代前半、女性)は単身世帯で、身体障害と精神障害があり障害年金を受給、生活保護は三〇代の終わりから受給し始めた。途中、仕事や結婚で保護廃止になることがあり、受給は断続的である。頼りにするひとり息子も生活保護を受給中で、妻と四歳(震災当時)の子どもと市内に暮らしている。渋谷さんは、生活保護の受給歴が長いためか、制度の仕組みをよく理解されていて、やり繰りの難しさを具体的に話す(2014/3/4)。

ひと月の収入は「九万ちょっとくらい。だから安い家賃のところしか住めないし、セニアカー(免許がなくても運転でき、福祉機器としての意味合いも持つ電気カー)だってコツコツこう、貯めといて直すわけでしょう。(…)電気ガス水道でさ、一万だよ。」「石油代は出るけども、結局、一二月はおもち代も出るけども。でもそれ過ぎたらなくなるでしょ。そしたら、九万ちょっとでやっていかなきゃなんないから。」という(2014/3/4)。

震災では、自宅(民間賃貸)が全壊と認定され、引越しを余儀なくされる。転居先は自分で見つけなければならない。生活保護の制約があり手持ち金は少なく、市内全体の住宅供給が逼迫するなかで苦労する。

区画整理の対象で取り壊し予定の貸家しか見つけられず、そこに引っ越した後、さらに市営住宅に引っ越す。苦労して入居した市営住宅だが、居心地が悪く、震災後の環境変化と関連させて、次のように話す。

「やっぱり悲惨というか、こう、地震前はのんびり暮らしてたけど、地震の後はやっぱり人間というものは気持ちが小さいじゃないですか。いろんなことがあったりなんかすると。地震だとか、台風でうちをやられたとなると。あと、いろんなこと。自然なもので挙げたらば、自分のうちがなくなったとするじゃん。みんな気持ちが狭いじゃん。(…) なんかこう、なんと言ったらいいんだろう。気持ちが小さくなっちゃってるというのかな。」(2014/8/23)

渋谷さん自身も、震災直後は「不安感があったりとか。こう判断力、決断力なく、景色見てもきれいとも思えない」、「一人だから、頭真っ白になって『どうしよう、どうしよう、どうしよう』ってうちに入ったり表に出たり、うちに入ったり」していたという(2014/3/4)。二〇一五年に訪問した際には、この混乱を脱し、「息子と後、病院と市役所と社会福祉協議会とみんなが協力してくれて、地震の時はちょっとパニックになってたけど、そんなに地震がないんで、何か前が見えた。」という。就労のため別の自治体に移り住み、生活保護も廃止にするつもりなのだと話された。生活保護廃止となったときの医療費の工面方法、税金の支払いなどについても、障害者や被災者が利用できる制度を調べ、準備を進めている(2015/11/14)。

渋谷さんの特徴は、震災によって受けた大きな心理的、物理的衝撃、環境や人びとの気持の変化を敏感に感じ取ったことを語ったことにある。私たちは二〇一六年までに四度訪問したが、時間が経つにつれて徐々に衝撃が和らぎ、表情が明るくなっていくように感じた。二〇一五年に訪問した際、家族や支援者への感謝も語られたことは印象的であった。それまでも、ホームヘルパーの利用といった障害関連のサービス、医療機関への受診の経験が語られ、社会保障制度に繋がっているようではあったが、サービスに満足している様子ではなかった。

生活保護については、震災前から二〇年弱、断続的に受給している。渋谷さんの場合、身体障害と精神障害があり年金を受給しているが、それだけでは収入が足りないため、調子が良いときは就労し、調子が悪くなると生活保護と併せて生活してきたと推測される。震災前後の時期は生活保護を受給しており、その生活に不自由さを感じつつ、やり繰りする術をもっている。震災の衝撃から回復してきて、渋谷さんは、自身で生活保護受給から脱する見通しをつけ、またどうしようもなくなったら生活保護を受けるつもりと考えている。

（4）震災後から生活保護受給——自立生活に向けて

武藤さん（三〇代前半、男性）は、母と二人暮らし、震災による被害は、自宅（賃貸）についてほとんどなかった。ライフラインが復旧する五月上旬まで避難所を利用するが、その後は以前と同様に自宅で暮らした。武藤さんは、難病による身体障害があり障害年金を受給しており、母も働いているが病気があって、震災後から生活保護受給を開始した。武藤さんの語りには生活保護に関することは少ない。4章で取り上げる武藤さんが力を入れる活動についてこそが、語りたい事柄であったと思われるが、ここでは、まずは生活保護に関する語りを取り上げる。

生活保護について、武藤さん自身の語りが少ない別の理由としては、母が世帯主であって、福祉事務所のケースワーカーとのやり取りは母が行い、武藤さんと母は、日常的に相談し合う関係性ではないように見受けられたことがあると考える。母は病気があり体調が悪いにもかかわらず毎日働きに出ていた。「福祉課の担当者が無理して働かなくてもいいのに」というのに、「支払がどうだこうだって」いってお金の心配をしているという。武藤さん自身は、「ひとり暮らしやって、ヘルパーさん利用しながらっつうのは考えてます。」と自立生活への意欲を語った（2012/8/15）。

二〇一二年一一月に再訪した際、自立生活の計画は少し具体化していた。「やっぱ引っ越しすんのにもそれなり費用が掛かる。うん、それも含めて今金ためてんだけど。」と話した。生活保護受給中であると貯金は結局は収入認定されるのでは、と尋ねたところ、「何々やるためにためてますだか、通るかもしんないっては、聞いたんです。」と、自立に向けた貯蓄は認められるのだと説明した。さらに「後々は世帯分離を考えてっから」と、母とは別れて暮らすつもりがあると話した（2012/11/25）。

二〇一三年に再訪した際も、自立生活の計画がその後どうなっているか尋ねた。「世帯分離して、一人暮らしを始めるとしても、釜石に住むとこがないんだっけ。」「建物がなくて」と話し、震災の影響がうかがえた。この自立生活の基盤となる住宅がないという問題について、自立生活運動の先輩から、仮設住宅に住んではどうか、とアドバイスされた。武藤さんが仮設住宅入居の要件を満たすかは疑問だが、その先輩は、自立生活するには戦略的に制度を活用すべきだと伝えたかったのだと思われる。その先輩も生活保護を受給し「障害だから大貧乏だった」。ただ、武藤さんは障害で生活保護受給することを「貧乏、貧乏、貧乏って言われると、もうだんだんムカムカしてくる」のだとも話した。(2013/8/28)

とはいえ、震災後の自立生活運動との出会いは、武藤さんの人生の展望を切り開くものであったように感じた。二〇一五年の再訪時、次のような考え方の変化を話した。「自分でやろうっていうのが最初なかったから。何だろ、やってもらいたいのと、ほら、自分でやろうっていうことがまず出ないうちは、考え方が。自立ってまず何だろうっていうことがまずあるわけですよ、自立っていったって。で、自分なりに答えは出しましたけども、」それは、「ここをどうやってやるかというところを解決しながら、で、人に聞いてみる。そういうことが多分自立なんじゃないかなと思って、やっと自分の中で答え出してやってるんですけど。何とかね。」と話す(2015/9/23)。

この考えにたどり着くのに震災後四年かかった。いろいろな研修に出て、「それで目が覚めたんですよね。結局それがあったからこうなったけど、まず、気持ちは人に聞いたりします。まず人に聞く。まず聞く力がなくて最初。一方通行で僕もやってたから。」ラグビーワールドカップ二〇一九のスタジアムづくりに関わっていて、うまくいかないこともあるが「粘るっすよ、僕。」と話す。そして、「言いに行かなきゃ教えてくんない」という役所の体質を踏まえ、市内で行われている様々な被災者への支援などを広報する役割も担えればと考えている(2015/9/23)。

武藤さんが、震災後に生活保護受給開始した理由は、明確には語られなかったが、母が病気になり医療費がかかり就労収入が減ったためと推測される。母が世帯主のためか、生活保護の不自由さへの具体的な言及は少ないが、自立生活に向けて準備をしようとすると、制度の制約は考慮しなければならない様子はうかがえた。震災後の市内の環境の変化、とりわけ住宅供給が逼迫している状況は、武藤さんの自立生活の計画にも影響を与えている。

武藤さんにとっても、震災がもたらした影響は大きい。ただ、後半の語りから指摘したように、震災後の自立生活運動との出会いが、武藤さんにとっては、どちらかというとポジティブな方向への変化を促すようなものであった。彼が、さらに本格的に自立生活を模索したときに、生活保護はそれを応援する方向で機能するのか、制度の真価が問われるのは、これからかもしれないと思う。

(5) 震災後から生活保護受給――制度利用への高いハードル

柏崎さん世帯は、二〇一二年の調査開始時、高齢の父と兄妹の三人世帯で、兄の誠さん（五〇歳代後半）と妹の裕子さん（五〇歳代前半）から話を聴いた。父は、震災前に認知症を発症し人工肛門があり、震災後には脳梗塞を患い片麻痺となって、介護が必要な状態が続いていた。裕子さんもリウマチがあって介護を要する。誠さんは主な介護者であるが、視覚障害のため車が運転できず、交通手段が主にバス、バスが不便で、タクシーを利用しなければならないことも多い。通院にも苦労するが、震災後に発足した支援団体による移動支援を受けることもあった。なお、柏崎さん世帯の介護状況やサービス利用については2章を参照いただきたい。

震災前より、誠さんは父と妹の介護があって仕事に就けない。世帯の収入源は、父の老齢年金と妹の障害年金であった。妹の障害年金は、スムーズには支給されなかった。誠さんは、「役場さ行っても、『何もないから頑張ってください』」といわれたと話し、裕子さんも「『お姉さん、頑張って働かねば駄目です』って。」と証言した。役場に紹介されたのは生活保護である。といっても、誠さんが「後ろ（の土地を）売って生保を受けろって、早く売れって。売れったって売れねえんだもの。」というように、まずは自宅以外の敷地を売らなければ生活保護も受けられない、という話であった。父の介護保険利用についても最初は「家族がいるから駄目って」いわれた。なお、障害年金の手続きについては、病院の医療相談室に繋がって教わり、受給に至る。（2012/8/16）

このような生活のなかで、柏崎さんたち家族は震災にあった。自宅（持家）で被災し、近くの学校に避難した。自宅はほぼ損傷なく、一〇日ほどで電気が復旧したのを機に帰宅するが、父は避難所で体調を崩して入院し、誠さんは入院に付き添わなければならなかった。裕子さんも震災直前に足を捻挫して体の自由が効かなかったが、避難所でも自宅でも一人で過ごすしかなかった。裕子さんは、避難所では食事を得ることができず、自宅に帰ってからも物資は避難所優先といわれ、生活必需品の入手にも苦労した。父は、震災から約二年後に亡くなるが、それまでの間、入退院を繰り返す。人工肛門の袋が高額で費用負担は嵩み、介護の負担も重かった。誠さんは、「親父が問題でさ。」と語り、裕子さんは、「生活保護、もらうには、三人じゃ無理なのかなあ」と話す状況であった（2012/11/25）。

父が亡くなり、兄妹の二人暮らしになった。誠さんは、父の介護負担がなくなり、復興事業の関係で、一〇ヶ月ほど週六日、七〇〇〇円／日の測量のアルバイトを始める。しかし、「毎日ある仕事だらね、いいんだけども」（誠さん発言）実際は不定期で、誠さんの就労収入と妹の障害年金だけでは立ち行かなかった。仕事が切れて、ついに生活保護を申請することになった。裕子さんは、「受ければおらは本望。（…）

兄ちゃんが最初は嫌がってだったんだな。」、「自力で働いてっつうことを」「生活保護には頼りたくねえっつう、気持ちでいたったんだけど。」と話し、誠さんは頷いていた。（2014/10/5）

生活保護を申請する直前は、携帯電話も使えなくなり、「お米も買えねえ、味噌、まあ、味噌はあったけど、食べるのもなくなったって、もう、すっからかんになったの、冷蔵庫が。兄ちゃん、どうしようって。」「食べられねえなあ、食べられねえなあって、そうしゃべってる間にケアマネが来たの。」このケアマネ（裕子さんを担当する介護保険のケアマネージャー）が、最終的に、制度への橋渡しをした。裕子さんは、誠さんが「最初は突っ張ってだったのよ。」「何とか自分でやるから。ただ、仕事がねえからって突っ張ってだったんだけど」、病院にも行けないから、「『兄さん、我慢して受けてみっぺえ』って。『俺が病院さ行けれなくなれば痛くなっから、薬も飲めなくなっから』って、そうしゃべったら、兄さんが『うん、そうだな。ほんじゃあ頼むっけ』っつうことで」申し込んだ。（2014/10/5）

柏崎さん家族には、震災前から生活のさまざまな面で、困った事態が生じていた。制度を利用して自力で解決しようとするが、その制度利用へのハードルが高く、じわじわと困窮しつつあった。この家族の困窮は、震災の影響というより、家族三人のうち二人に医療と介護が必要だが、公的支援が少なく、働き手となりうる誠さんが家族介護を担い、収入源が不十分なことにあると考える。もちろん、震災の影響は大きい。自宅が無事なことで逆に物資や義援金の支給を受けられず、困窮度を深めた。津波で店も病院も流されて地域社会は機能しなくなり、自家用車もなくて、買い物や通院に普段に増して時間も費用もかかり、医療や介護の負担は増加した。

しかし、震災ゆえの困窮というだけでなく、日常からの公的支援の少なさに起因する面も大きいのではないかと思う。震災前から、当然該当するように思われる、年金や福祉サービスの利用に苦労していた。なかなか生活保護に結びつかないことに気を揉み、生活保護の申請にあたり余計な苦労をされないか心配し、これほどまでに困窮しないと生活保護には結びつかないのかと感じた。裕子さんが語る誠さんの姿からは、あらためて、生活保護が、利用する心理的ハードルの高い制度であることに気づかされる。生活保護受給後は、食事に事欠くことはなくなるが、公的支援は十分とはいえない。誠さんは、頻繁に役場に通い書類提出が必要なこと、他の地域では出ると聞く、病院へのタクシー代も、ここの地域では認めていないとされ「地域によって福祉も全然違う」(2014/10/5)、役場は知っている情報も伝えてくれない、と相変わらずの状況ではあった。

(6) 震災後に生活保護廃止――娘の視点から震災後の母について

坪井さん(五〇代半ば、女性)は、母子世帯で子ども六人を育て、震災当時は三人の子どもと四人で市営住宅に住んでいた。同じ市営住宅の別の部屋に母が住み、この母が生活保護を受給していた。母は、娘である坪井さんを一人で育てた。坪井さんによれば、母は三、四〇年は生活保護受給していたのではないかという。ここでは、娘である坪井さんの語りから、その母の震災前後の様子を述べる。坪井さん自身と障害をもつ子どもについては、1章を参照されたい。

震災前、仕事で帰りが遅くなる坪井さんは、母を頼りにしていた。母は子どもに食事を用意してくれたりして坪井さんを助け、仕事をしていても安心だったという。この生活が、震災・原発事故によって一変した。坪井さんたちは、町全域が緊急時避難準備区域に指定された町に住んでいた（二〇一一年九月三〇日に解除）。地震による自宅の被害はほとんどなかったが、原発事故のため困難な避難を余儀なくされる。まず町の集会所に避難したが、津波を警戒してさらに高台に避難、その後、役場の方から「とりあえず南に逃げてくれ」といわれ、いわき市にある長女の家、福島市の長男夫婦のアパートを転々とする。長くはいられないため、いわきに町役場が移動したと聞き、いわき市福島工業高等専門学校の避難所へ移り、五月の連休まで滞在する。その後、旅館に二ヶ月ほど避難し、二〇一一年六月から雇用促進住宅の借り上げ仮設住宅に入居する。五人で軽自動車一台の長距離移動である。三人の子どものうち二人は知的障害があって、避難しているという状況がよく理解できず、たいへんな苦労を強いられた。（2014/3/4）

坪井さんと三人の子どもと母は、この避難を共にして、一世帯となった。ただし、坪井さんの母は、借り上げ仮設住宅でしばらく生活をともにするが、二〇一二年一〇月に近隣の老人保健施設に入居する。原発事故直後、「『逃げるんだよ』っても母は、『え、泊まりに行くの？　じゃあ、昨日買い物してきた野菜とか卵とか持ってくべ』」と話し、避難の意味をのみこめなかったという。福島市の長男夫婦のアパートに辿りついてからは、「まずあんまり熟睡はしてなかった。外にあんまり出てな、出ないっていうか、ずっとテレビ一日中そのまま見てたみたいな。」（2014/3/4）

そんな時、アパートの目の前にある農家の畑の作物が、放射能汚染により廃棄するため、トラクターでめちゃくちゃにされる様子を目の当たりにする。「うちのばあちゃんが、『もったいねごと。何でこう、そんなことすんだら、おれ食うから』みたいな話をしてたんですよ。その、（畑の持ち主である）じいちゃんが、『何言ってんだよ、放射能で食えるわけねえべ』みたいな。その放射能っていう意味が、戦争は経験したと思うんですけど分かんなかったみたいですね。その、何で物が食えないみたいな。」、話が全然通じなかった。その上、自分の自宅に植えていた野菜を気にして、「『じゃ、あの苗草だらけになっちまうから、早く帰んねど』とかっていう話ばっかりだったので、『いや、今、もうちょっと待って、もうちょっと待って』って言うしかなくって。」という状態だった。(2014/3/4)

福島工業高等専門学校の避難所に移ってからは、避難所で一人きりにさせないように、デイサービス利用を考える。しかし、母は要介護認定調査を受けることを拒み、誰ともしゃべろうとしなかった。結局、週三回デイサービスに通うが、その後、子どもたちと出かけるため、母をショートステイに預けたことから、さらに母の態度が硬化する。ショートステイから帰ってくると、変なところに預けられた、ひとり置いていかれたといって、「そこから半年ぐらいはもうデイサービスも来ない、行かない、ショートも入れない、ヘルパーさんもストップ、全部です。半年間ひどい目に合いました。」(2014/3/4)

坪井さんは仕事があるため、食事を用意して出かけるが、それも食べない。「『食わなくたって死なねえ』とかって始まって、『ああそう』みたいな。」やりとりが繰り返される。「ケアマネジャーの人に、とりあえず『もうだめ』みたいな。うん。『なんとかして』って。(…)何回も頼んで。それでも誰来ても、『おめ帰れ帰れ』っていう感じで『行かない、行かない』みたいな。たまたまそのときに具合悪くなったんですね。」近くの総合病院に入院し、退院後、介護老人保健施設に入居したのである。(2014/3/4)

実は、震災・原発事故後、坪井さんの母の生活保護は廃止になった。当時は医療費の一部負担の免除があり、東電による賠償金と年金で五年は暮らせるという見通しに基づく措置である。坪井さんの母の震災・原発事故後の生活には、先に述べた中川さん、大山さん、渋谷さんたちが感じていた生活保護ゆえの不自由さは生じえない。といって、震災・原発事故前の日常に戻れたわけではない。

落ち着き先すら決まらない避難生活の中で、頼りになる母が、介護サービス利用の必要性を認識せず、自分のことすらしない人、に変わってしまう。坪井さんが語ってくれた母の姿からは、混乱、怒り、やるせなさ、絶望が伝わってきた。震災・原発事故は、何によっても補償・保障できないような生活と人生の基盤を根こそぎ奪ってしまった。震災・原発事故がもたらしたものの「正体」が読み取れるように思われる。

3　生活保護と「当たり前の生活」

本章では、震災前から生活保護を受給していた三世帯、震災後に生活保護受給開始した二世帯、震災後に生活保護廃止した一世帯を取り上げた。震災前から生活保護を受給していた三世帯は、震災後も生活保護を受給して、生活が支えられている様子がみてとれた。と同時に、生活保護は、各世帯の日常生活に深く入り込み、特有の居心地の悪さをつくりだしていることがうかがえた。中川さんや大山さんの語りから、受給後、不自由さを感じ、悔しい思いをされていることがうかがえた。

受給開始前の柏崎さんの姿にみられるように、受給への心理的ハードルは高く、生活保護のもつスティグマという問題を再認識させられる。柏崎さんの場合は、社会保障制度利用のハードルの高さもまた問題であると感じた。年金や福祉サービスへのアクセスに苦労し、生活保護受給に至るまでは、食事に事欠くほど困窮度を深め、これほどまでに困らなければ利用できないのかと思う。柏崎さんを含む震災後に生活保護受給開始した二世帯は、その直接的な原因は、震災というより、病気や介護により就労できず収入が少ないことにあった。逆に坪井さんの母のように、震災後、賠償金によって収入が増加し保護廃止になる場合もある。

生活保護受給中の五世帯の語りから、生活保護受給とは、それまでの当たり前の生活を変えてしまう側面をもつと思われた。生活保護が、日常生活を支える役割を発揮するには、「最低生活自体の直接的な保障と、それを可能にする生活条件との区別」（中川 2011）をすることが必要と考える。中川（2011）は、生活保護とは「自立に向けて必要な最低限度の生活条件の保障」であり、その生活条件と生活自体を同一視すると、「自らの生活選択を引き受け、生活を自分で組み立てる余地」を少なくしてしまうという。生活保護は、あくまでも生活を維持する手段であり、利用しやすいものであるべきと考える。

さらに、被災地域に住む人びとに対して、生活保護はどのような働きをしたのか、という観点からの考察をまとめよう。六世帯とも、避難所を利用するか、避難所を利用できず半壊の自宅に過ごし、居所を転々とした。比較的すぐに自宅に戻った世帯もあるが、その場合でも、自宅がある地域は震災以前とは全く異なり、以前と同じではない。支援活動による資源の増加、新たな人との繋がりが生まれる場合もある。自宅を損傷・喪失した世帯は、借り上げ仮設住宅により、生活の拠点を確保した。被災者や被災地への支援制度が、損傷・喪失した「モノ」に対する「補償」として機能する様子が確認できた。

このように、損傷・喪失した「モノ」に対する「補償」には別制度があり、生活保護は関わらない。生活保護は被災地域の独特の事情に対応することはなく、あくまで制度に定める要件を充たす生活困窮に対応する。今回の私たちの調査では聴きとりできなかったが、震災を直接の原因（例えば稼働不能）として生活保護受給に至った場合、震災以前の生活との落差は大きく感じられるのではと推測する。逆にいえば、もともと持つ「モノ」（資産）が少ない場合、損失の衝撃は少ない、したがって補償も少ない。震災前後の生活の水準・質との落差があるほど被害は大きく、皮肉だが、震災前から生活保護を受給する世帯の場合は落差が小さいのではないかと考える。

敷衍すれば、被災地で暮らす人びとにとって、生活保護は震災前の「当たり前の生活」を保障する手段として存在するわけではなく、生活保護受給そのものが受給する以前の「当たり前の生活」を変えてしまう面もある。本章で取り上げた世帯の生活保護受給の経験から、生活上の困難に対し他者が関われるのは生活条件の整備までであるとして、その充実と改善が望まれること、ただし、「生活を自分で組み立てる余地」、各人が望む生活への想像力も忘れてはならないことを再認識したい。

■文献

中川清 2011「最低生活の性格変化と直面する課題――公的扶助と最低生活の関係史から」埋橋孝文・中川清編著『生活保障と支援の社会政策』明石書店：18-44頁。

復興庁統括官付参事官・国土交通省住宅局住宅総合整備課長通知「災害公営住宅への入居に際しての保証人の取扱いについて」（復本第一三三九号・国住備第一一五号）二〇一五年九月一五日付 http://www.reconstruction.go.jp/topics/m15/09/20150915kishahapyo_jutakuhoshouninn_bessi.pdf 二〇一七年一一月四日アクセス

第7章

単身生活する高齢女性たち

被災後を支える社会関係とその微細な変容

井口高志

1　単身で生きる高齢女性たち

いわき市における「被災と生活困窮に関する質的調査」において、私たちは六五歳以上の単身生活している女性たち数人に話を聴いた。本章では四人の事例をとりあげる。

序章にあるように、インタビューは、仮設住宅入居者への調査票調査での回答者のうち、継続的な調査への協力を承諾した人の中から、主に、障害をもつ／高齢である／母子世帯である／生活保護を受給する被災者を対象者として抽出し、電話でアポをとって依頼をした。本章でとりあげる四人は、女性・高齢・単身と三つの属性が重なっている人たちで、当初、困難が集中する人たちなのではないかと想定してインタビューに臨んだ。それは、一般的に、統計調査から、貧困に至るリスクが高い層だと見なせるためである。「平成二五年国民生活基礎調査」によると、二〇一二年の相対的貧困率は、三五―三九歳の年齢層からは常に女性の貧困率が高く、六〇―六四歳で大きく上がり、男女間の差が大きくなっていく（六〇―六四歳で一七・二％〔男性一五・五％〕、七五―七九歳で二五・四％〔男性一六・二％〕）。また、六五歳以上のひとり暮らし世帯の貧困率は、二〇一二年において男性二九・三％に対して、女性は四四・六％となっている（「平成二五年国民生活基礎調査」を用いた相対的貧困率の動向の分析「貧困統計ホームページ」、二〇一七年九月五日アクセス）。

だが、実際に四人の内の何人かの調査票の自由記述欄には精神的な状態の悪さや不安なども記述されていたが、インタビューを行ってみると、四人による語りは、いずれも想定していた生活の困難という主題とは距離があった。四人は皆、震災以前から一人暮らしであり、子ども・きょうだい、友人たちとの間や、それまで従事してきた仕事を介して社会関係を築き、その関係の中での、震災前からこれまでの生活を語ってくれた。その中には、いわき市内でずっと生活を築いてきた人もいれば、若い頃に東京で働いていわき市に帰ってきた人たちもいた。また、現在まで独身で六〇代まで仕事を続けて引退した人もいれば、配偶者と離別または死別で一人暮らしになっている人もいた。もちろん、現在の精神状態の不安定さや若干の体調の悪さなどを語る人もいたが、概ね全員、それまでの仕事や家族の介護などの人生経験を基盤として、現在は、趣味や地域活動などに参加し、外に積極的に出ていく生活について話してくれた。その語りからは、本研究が「社会的弱者」や「脆弱性」という観点から主に想定していた対象者（障害のある人たちの世帯、介護を行っている人たちの世帯、シングルで子育てをしている人たちの世帯など）に比して、明らかな困難が見えにくく、むしろ、一人での生活に長けた「おひとりさま」として老後まで生きてきた逞しい人たちだという印象すら受けた。

もちろん、たった一回のインタビューからその人たちの生活のあり様を評価・判断することは慎まなくてはならない。上述した高齢期の一人暮らし女性の貧困率の高さや、同じく「国民生活基礎調査」の再集計から見られる配偶関係別に見た際の離別の高齢一人暮らし女性の貧困率の相対的な高さ（白波瀬 2012）などを踏まえると、震災・原発事故という大きな出来事を経験して、その後年齢を重ねていくことで、生活が困難になっていくリスクの高い人が含まれている可能性もあるだろう。また、言うまでもなく、今回、たまたまアクセスできた人たちの事例で高齢女性の一人暮らし全体について語ることももちろんできない。

だが、やはりここでは、彼女たちの語ってくれた、これまでの生き方の主体的な側面に注目したい。少なくとも彼女らは、被災地に生きることに伴う自らの苦難を訴えかけるよりも、自らの人生の転機や成してきたこと、そうした自分たちの立ち位置から被災後のいわき市内の状況について思うところを語ってくれた。いわば、自らの力や、自らの属する関係性の中で、主体的に生きてきた人たちだという印象を私は強く受けたのである。

そこで、以下では、四人の事例を、これまでの単身生活に至る経緯や、独居での生活を、どのような社会関係の中でいかに成り立たせてきたのか（いくのか）に焦点を当てて見ていきたいと思う。こうした視点で見ていくことで、逆に、どのような関係や資源がないことで、独居で生きる生活が困難となり得るのかを想像することにもつながるだろう。また、震災という出来事が、それまでの社会関係のあり方や、その中での生き方をどのように変えたのか、変え得るのかの一端を垣間見ることができるのではないだろうか。

2　どのように生き、この先をどのように考えているのか

（1）娘に迷惑をかけぬように生きる

佐野さん（2014/8/23、七〇代前半）は、二〇一三年に行った調査票の自由記述欄に「もう七〇才を過ぎました。夕方家々に灯りがともり初めた頃が一番嫌いです。わかっているのですがどうして私の家がないのか涙がでます。パートで少しは働いてますが、一日一日さみしさと孤独というものが身にしみてます。孤独死というのはわかります。何かあっても連絡のしようがありません、私だけではないのですが」と、被災後の借り上げ仮設住宅での一人暮らしの寂しさについて書いていた。アパートではテレビや電気をつけっ放しにしないとダメだという。佐野さんは、父親が亡くなった後、一人暮らしをしていた沿岸部の「昔からの古い家で、商売でもやったらどうっていうぐらい大きい昔の古民家風の家」で被災し、家を失った。罹災証明は全壊認定だった。

被災直後は、青少年の家に緊急避難した後、娘の嫁ぎ先の隣の一軒家に、東北地方の他県で被災した佐野さんの妹と住んだ。その後、「ギクシャクするような感じだから、早めに離れた方がいいと思って」、仮設住宅への入居を申し込み、借り上げ仮設住宅に指定されたアパートに住むようになった。佐野さんの住むのは、もともと学生向けに作られたアパートで、若干市街地から外れたところにあり、二階の佐野さんの部屋までの階段も急であった。インタビューをした二〇一四年八月時点で、自分の住んでいた地元に近

い災害公営住宅（集合住宅）への入居が決まっていた。「やっぱり先祖のお墓もあるし、地元から離れたくないので、なるべく近い方で、向こうを選んだ」という。その入居する集合住宅の他の部屋も地元の人が多く、居場所を得た感覚があると述べていた。

佐野さんは、娘が小さい頃までは東京で服飾関連の仕事をしており、その際に仕事のつきあいの中で料理などの技術に精通したそうだ。その後、離婚を経て、娘が高校入学時に一緒にいわきに戻り、飲食業などを営む中で、仕事関係の友人も多くなっていったという。被災後の原発関連の書類を、仕事で知り合って友達になった行政関係者が書いてくれて手続きがスムーズに進んだり、火災保険で給付金が受給できることを友達が教えてくれたり、必要な家財道具などを友達が調達して持ってきてくれたりと、友人たちには助けられたようだ。被害や被災時の状況の違いによって他者に対する「妬み」などの気持ちが生まれることから「絆」という言葉への懐疑的な気持ちを語っていた佐野さんだが、「絆っていうのはあんまりないけれども、今までの経験で、本当に信頼出来る友達が三人、四人いたのがよかったかなって。こういうときってあんまり人いらないですものね」とも述べており、自らの有する友人関係を大事に思っていたようである。

また、二〇一四年度からは、地元の町の婦人会の会長を引き受けたそうだが、「いろんな場所に出て、会長なんかやるといろいろあって、職やなんかあっていろんな行事が多くって。だからとにかくね、ここ今は暑くていられないから昼間はもう外に出る、あと冬でもなんでも一人でいるっていう時間帯が少なくなったのでよかったかなと思っています」と、その活動が仮設住宅の外に出るきっかけとなっているようだ。

一人娘については、「嫁に出しちゃったので。強がりではないんですけど向こうにも家庭があるし、嫁に出したものだから、なるべく世話になんないように、なるべく負担をかけないように」と語っていた。娘自身も病気を抱えたり、仕事も忙しかったりすることからも、頼りすぎないことを強く意識しているようだった。そのため、佐野さん自身が外に色々なつきあいを持っていることは、娘を安心させることにつながっているのではないかとも述べていた。

このように佐野さんは、離婚後に一人親として娘を育てながら、飲食業の仕事をする中で社会関係を形成し、その友人関係などを中心に、娘や親族には頼りすぎないことを意識しながら日々生活をしていたのである。「もともと一人暮らしだから、みんなが、旦那さんが亡くなると寂しいとかそういうのはなくて。昔から一人だから強いんですよ。旦那さんとも別れちゃって、あとは妹二人いますけれども、それぞれ家庭もあるし。家庭っても、もう六〇過ぎてますもんね、みんな。ただ結果的になるべく、強がりじゃないんだけど人の世話になりたくないっていう努力だけしようかな」と、一人で生きていくことの決意を述べていたのが印象的であった。

(2) 娘たちからの支援と親子関係の変容

若林さん（2014/8/22、七〇代前半）に話を聴いた住宅（持ち家）は、その地域の他の家と比べると目立つ色で、カウンターキッチンが大きく開放的で木の温かみを感じられる瀟洒な家であった。若林さんは、二〇一一年三月の地震の後には、北関東地方に住む長女の夫が迎えにきて、長女たちが住む県に避難したという。その後、四月に大規模半壊と認定された家に戻ってきたが、大きな余震があり、近所に住む次女の家に住むことになった。その後、自宅を整理しつつ、二〇一一年の五月に自宅から徒歩で至近の住宅に、借り上げ仮設住宅という形で入居した後、二〇一三年九月に、それまで住んでいた家の土地に、住宅の基礎部分もやり直す規模のリフォームで現在の家を建て生活をしていた。

若林さんの現在の生活において、娘たちとその家族の存在はとても重要であるようだった。たとえば、現在の生活の基盤になっている家は、結婚して近くに住み介護の仕事をしている次女が四分の一ほど負担する共同出資で建てられた。次女家族には持ち家がなく、長女も同意したために、自分の死後に次女の家とするようにそうした形にしたという。また、家を建てる際には、隣県で夫とともに建築関係の事務所を経営していて、インテリアなどに詳しい長女がバックアップした。デザインや知り合いの業者への手配などを行い、建設への需要が高まり関連費用が高騰する中、適当な値段で工事を行うことができたという。さらに、こうした物的な支援だけでなく、娘たちからは精神的な支援を受けているようだ。例えば、四月の余震時に「別に怪我したわけでも何でもなかったんですけど、やっぱり今まで何十年も一人暮らしできたんだけど、この震災以来、一人ってものすごくこう、不安っていうか」という「トラウマのような」状態になった際には、近くに住んでいる次女家族の家に移って、仕事への送り迎えをしてもらったという。また、長女と次女双方の家族とも交流があり、孫と会うことも楽しみの一つのようだ。

震災以前も、次女が高校を卒業してから一〇年くらい一人暮らしだった若林さんだが、そもそも現在の場所に住むようになったのは、夫の父親が体調を崩したのをきっかけとして、一家で郡山市からいわき市内に戻って義父母と同居するようになってからだという。同居を始めて三、四年後、夫だけは郡山市に戻る単身赴任生活となり、同居当初から様子がおかしかった義母が「呆けた」ため、若林さんが介護をする生活を長く続けたという。その義母が亡くなる三年前に若林さんの夫は亡くなっている。その後、義父とも一緒に生活をしたが、義母が亡くなった一周忌が終わった後、夫の弟が自宅に連れていったため、それから一人暮らしを続けているという。また、その後、パートタイムで続けていた仕事を定年で終える頃、若林さん自身の母親も亡くなったが、その際も退職を少し早めて、若林さんが母親の看病をしていたという。

このように若林さんは、嫁の立場で、また娘としても介護を経験しながら、パートタイムの仕事を続けつつ、娘たちを育ててきた。娘たちは、介護する若林さんの様子をよく見ていて、「呆けた」義母のことについて若林さんに色々言ってくる親戚たちに対して、母の苦労を慮って、どういう状況なのかを説明していたという。夫とは死別していることもあり、娘たちとの関係がとても強いようだ。

以上のように、若林さんと娘二人との関係は強く、また震災時・震災後にも十分な支援が得られていたことからもわかるように良好だが、他方で、震災は、若林さん自身の考えていた、老後の娘たちとの関係のあり方の修正を余儀なくしたようだ。例えば、自宅を再建した後、都合があって最初からは同居ができなかった次女に対して、「お母さんまだ一人でできるから、気もまないでいいから……ただお母さんが倒れてからあんた入ってきたんじゃ、あんた楽はできないね……もうお家にみんな使っちゃったから老人ホームに行くことはできないから、うん、まあ病気したくらいはね、お金は残れてるけど、身体の世話もなるしかないからごめんね」と伝えているという。身体が不自由になった際には、介護を担ってもらわざるを得ないと考えているのである。

このように老後に娘に頼らなければならないことを、若林さんは当初は予定しておらず、「うん。全然もうほんとに最後、人生最後の集大成だったんだね、これが。へへへ。老人ホームに行くお金無くなっちゃったですよ。なるべく子どもたちに世話になりたくないと思ってね。行ければね、この辺だったら行けるかなってね、思ってたから。とても年金では老人ホーム行けないから、私らの年金では。男の人の年金でやっとくらいだもんね」と述べていた。義理の母の介護を担いながらのパートタイムの仕事ゆえのあまり高くない年金額に加えて、震災に伴う住居に対する出費も重なり、若林さんの「娘の世話になりたくない」という思い、すなわち老後を自らの蓄えと資源で乗り切ることを完徹しきることは難しそうだと捉えていたのである。

(3) 親族関係の中で生き、一人で身を処す

借り上げ仮設のアパートで暮らしていた若松さん(2014/8/24、七〇代前半)は、震災前から、いわき市内のアパートで一人暮らしをしていた。被災時、そのアパートは全壊認定される被害を受けたが、避難所には行かず、「地震が起きた夜に車で迎えに来てくれた」姉の家に避難したという(姉の家は自宅から歩いて五〇分くらいだった)。また、その後も、やはり市内に住む姪の家に泊まるなど、震災後は避難所ではなく、いわき市内のきょうだい・親族の住まいに滞在していたという。若松さんは未婚で、一一人きょうだいの末っ子であり、上のきょうだいとは年齢も離れているため、きょうだいの子どもである姪や甥とも普段から行き来があり、親しくしている者も何人かいるという。

上記のように、きょうだいや親戚の家に滞在しながら震災後を過ごした後、元々の住まいであったアパートの片付けを一年後に行った。片付けが一年後になったのは、「それまで片付けの意欲が湧かなく

て、そのままにしてた」ためだが、「ようやく身内が手伝ってくれ」て「落ち着いたのが次の年の五月頃」だった。その後、二〇一三年一一月頃に申し込んで翌年二月に、二〇一六年一月からの災害公営住宅への入居が内定し、気持ちがすごく楽になったという。若松さんは、以前から「いつまでもアパートで、公営住宅に入りたいなと思って」たので、「あたしの場合は（震災後）かえって、よくなった、公営住宅に（入れるので）」と述べていた。

若松さんは、四〇代前半でいわき市に戻ってくるまで、東京で仕事をしていた。東京に出ていくことが可能となったのは、まず、一九歳のとき、千葉県の習志野市に住む一番上の姉の所に居候をさせてもらえたためであった。その後、引っ越して都内に移り、仕事を続けた。経理の仕事が一番長かったという。しかし、四二、四三歳の頃、自身の病気や経理として働いていた会社の倒産などがあり、きょうだいが心配して「この際だから引き上げたらどうだ」と勧められて、「震災のときに厄介になってた姉の家に居候」したという。その後、病気の手術をし、その一年後ぐらいにいわき市でホテルの清掃の仕事に就き、被災したアパートに居を移し、被災するまで二〇年くらい同じところに住んでいた。また、清掃の仕事も六七歳まで続けたという。

若松さんの語りの中には、仕事をしていた東京で得た友人や、借り上げアパートのご近所など、きょうだい・親族以外とのつきあいのエピソードも多く登場していた。東京での生活や、そこで仕事などを通じて得た友達とは「いまだに、だからもう、五〇年以上、二〇歳の頃から五〇年以上つきあいしてます。そのときもすごく、こっちまで様子見に来てくれて、震災のときに。すごく助かりました」とつきあいが続いており、「すごくいい青春を過ごせた」そうだ。また、震災後に住むことになった借り上げ仮設住宅のアパートでは、近所の人たちとお茶をするような関係性を形成し、アパートの人たちでまとまって市の方に災害支援などに関する手続きに行ったりもしてきたという。

若松さんは、これまで結婚せずに、一人で暮らしてきた人生について、「七四年生活してきて、自分なりには幸せな人生だったかなと思ってますね。家族に惑わされることもなく。自分のことだけを心配して。まあ、大変なときもありますけどね。友達に恵まれて、もう五〇年近くもおつきあいできて。あとは終わりを待つだけでしょうか」と述べていた。「東京にいてもギリギリの給料」でやってきたので、マンションを買うような蓄えはなかったが、仕事を辞めたら、のんびり暮らそうと考えていたそうだ。震災前は、「人生の残された一度くらいパートナーにも恵まれてもいいかなっていう気持ち」はあったが、震災後はその意思が消えたという。

これから先の人生については、「なんも迷惑かけない生活はできない」が、「できるだけ、その迷惑も少なくして終わろうかな」と、老後また死後の処し方について語っていた。特に、「病気したときに、きょうだいもいなく、もちろん親ももういない。きょうだいもあたしより九つ上」で、「二人きょうだいになっちゃいましたけど。それも男きょうだい」のため、きょうだい関係には頼れないと捉えている。また、「(同世代の)姪に迷惑は掛けられない」ため、「やっぱり市の世話になる他ないのかなあって思ってますね、今は」と述べていた。さらに自分の死後に関して、「自分の後始末のために五〇代の頃から、献体の意思が」あり、漠然とその意思をずっと持ってきたが、「真剣に考えたのが、一昨年、姉が亡くなったとき」だという。そして、「献体した慰霊塔のほうに埋めてもらう」手続きをすませたそうだ。

（4）いわきの中で生き、一人の最期を考える

板橋さん（2014/8/23、七〇代前半）は、両親の代から住んでいた一軒家で両親が亡くなってから三〇年以上一人暮らしをしていて被災した。被災直後、自宅に「何とか住めていた」ため、自身でカップ麺などを買い込み、避難所に行くことは考えなかった。自宅から二キロくらい（車で一〇分程度）のところに妹が住んでおり、震災以前から行き来があった。三月から四月にかけて余震が続く中で停電などもあったため、夜は妹の家に泊まり、昼間は余震が来ても簡単に家の外に出られるので、自宅に滞在して片付けなどをしていたという。妹とは「最終的には水戸（のきょうだい）に世話になるにしても、もう少しいてみましょう」と、いわき市内で過ごしてきたという。

自宅は全壊認定で、四月の一一日の二度目の余震で「グラグラに」なって、「家の中からお空が見えるような」状態になった。「業者さんに見ていただいたら修理不能」と言われたため、四月中旬頃から不動産屋で家を探し始め、「腰掛け的な感じで。とりあえずはどこか」をと、現在住んでいる集合住宅の一室を四月に借り、五月に引っ越した。その後、七月に借り上げ仮設住宅の制度ができたため、大家の許可を得て申請し、遡っての家賃補助を得て住むようになったという。板橋さんは、「本当に私なんかは、その、家が壊れただけで、家具とかなんかは全然壊れてない」「本当に、被災者といって借り上げとかしていただいてるのが申しわけないくらい、私は恵まれてたというか。運が良かったと思う」と、自分の被災の程度をそれ程大きなものと捉えていなかった。

元の板橋さんの自宅は、いわき駅から徒歩七、八分程度で近くに役所などもある町の中心部にあった。元々親の住んでいた家であったため、正月などはきょうだいたち（四人きょうだいで、内二人は車で一〇分

程度のいわき市内に住んでいる）がそこに集まってくる「実家」だったが、震災後借り上げ仮設住宅のアパートに移ってからは集まりにくくなってしまったという。親の代からの一軒家にずっと住んできた板橋さんにとっては、共同住宅での居住は七〇歳になっての初めての経験であり、また、以前の住まいに比べると街中での生活となる。現在、近隣関係でトラブルはないが、以前の住まいでの隣近所との関係とは全く違っている。以前は妹の家の電話番号を近所の人に教えるようなつきあいをしていたが、今はアパートの上下の人とどうつきあったらよいか、三年半経っても慣れないという。

板橋さんは、「いわきで生まれていわきから出たことがない」。現在住んでいるアパートのある街も高校時代、職場時代から慣れ親しんだ「お買い物圏内」のため、土地勘があるようだ。仕事は、高校を卒業した後、民間会社の経理を六八歳まで続けて退職した。小さな会社だったので、経理だが何でも屋的に仕事をしていたという。六五歳が定年だったが、「もう少しいてちょうだいよ」と言われて「ずるずると六八まで」勤めた。また、その勤めをしている間に、それぞれ一〇年以上にもなる両親双方の介護を経験したという。現在のようにヘルパーなどの介護制度が無く、妹とも協力し、父は最後の半年、母は五年間特養に預ける形で看取ったという。その介護生活の間、社長や上司に恵まれて、昼に一時間自宅に戻らせてもらったり、仕事の残った分を定時外にしたり、時間を柔軟に使えるように対応してもらったという。「本当にあれで駄目よと言われたら、退職する以外ない。そしたら、今こんなふうに年金で生活できるなんてこともなく、もっともっと大変だったと思う」と述べていた。

インタビューをした当時、板橋さんは、社会福祉協議会の月五回の生活支援員の仕事や、友人の畑を借りての家庭菜園、公民館でのサークル活動など、積極的に外に出て活動をしているようだった。中高時代からの同級生や職場の人など、「結構友達はいます。だから一人でもあまりこう、落ち込まないで。なんかいれます」と語っていた。今後の住まいについては、一人暮らしのために、災害公営住宅の申し込める間取りに制限があったため（三部屋のところは最初から申し込みできない）、なかなか条件のあうところが見つからなかったという。しかし、入居時期が少し先になるためか応募者が少なかった住宅の二次募集で、二〇一五年一〇月以降からの入居の内定を得ていた。この内定によって、「とりあえずは、その入れるところがあると。もうどこもなくて、いつまでここにいなくちゃいけないんだという不安が一つなくなった」という。

板橋さんは、「今終活とかという言葉が出てますよね。私はこれから寒くもなるから、あんまり（外に）出る機会も少なくなるし、少しずつ整理して、もう書き残しておかないと困るかなとか。そんなことも考えてます」と、今後の身の処し方について語ってくれた。現在は、義援金や、借り上げ仮設住宅となったことで本来払う分だった家賃分の金額などを通帳を別にして手をつけず「年金でできる範囲の生活」をしているという。それは、母親が倒れた年齢よりも一一歳上（インタビュー当時七五歳）になったため、「特別長生きしたいとは思わないんですけども。自分で生活できるあれを一日でも長くしたい」ためでもある。きょうだいに対しては、「もしなんかあったときは、私の年金で。あのー、対処できるところに今たくさんありますよね。いろんなホームとか何かが。だから、そこに入れてちょうだいと。それは言い渡して」いるという。自分は年齢の離れている親の介護だったが、きょうだいだと自分と三歳か五歳くらいしか離れておらず老老介護になってしまうためだからだ。預金もあるが、預金は亡くなった後のことに使ってもらわないとならないため、年金で何とかすることを望んでいる。

また、これから自分が住んでいくことになる住宅の取得や、自分の持ち物の処分に関しても、なるべく自分自身で行い、きょうだいに迷惑をかけたくないという身の処し方と関連している。たとえば、自宅にある持ち物に関しては、「結局、私の終わったときは妹とか弟に全てそれをまた処分してもらわなくちゃいけないので。少しずつ整理して、しなくちゃと思って」いるという。また、震災後の住まいとして中古の住宅も考えたそうだが、自分の死後の処分のためにきょうだいに迷惑をかけることを考えて賃貸の公営住宅で探すことにしたそうだ。

3　単身の高齢女性たちの語りから見えてくるもの

今回話を聞いた四人の高齢期になる単身女性たちは、震災以前から仕事を続けてきた人たちが多く、単身での生活に長け、あえて言えば自立して生活していた人たちだと言えるだろう。その生活は、もちろん彼女たち自身が築いてきたものだが、それは孤立の中でなされていたわけではない。仕事や介護など、それまでの人生で時間を費やしてきた活動はそれぞれ違っているが、全般的に言えるのは、どこかに過度に偏った関係ではなく、複数の人間関係の中で成り立っていたと言える。ただし、特に話題の中心となったのは、家族関係やきょうだいを中心とした親族との関係であった。震災の後には、いずれの人も家族やきょうだいたちの助けを受けることで生活を立て直していった。家族やきょうだいは、被災後の一時的な避難先としての助けになっていた場合もあれば、住まいを立て直していく際の助けとなっていた場合もあった。

このように家族関係やきょうだい関係は、震災という強い衝撃が起きた際に助けとなっている[1]が、他方で、彼女たちの語りからは、それらの関係に強く依存せず適度な距離を保っておきたいという思いも見えてきたように思う。自らが死んだ後の住居の処分や死後の身体の処理の問題などで、残されたきょうだいや親戚たちに厄介をかけたくないという意思や、自分が地域活動などを積極的に行うことで、子どもに安心していてもらいたいという意思も垣間見られた。

自立して適度な距離をとっておきたいという彼女らの意思は、年齢が上がるにしたがって通すことが難しくなっていくことが多い。それは、一般的には高齢になっていくに伴い周りからの手助けが必要になるからだ。その意味で、今回話を聞いた六〇代半ば以降になる四人の一人暮らしの生活はその後どうなっていくのかはわからない。未婚か離別か死別か、フルタイムの仕事に従事していたかパートタイムの仕事だったか、子どもからの支援が得られるかなどの違いが経済状況やケアが必要になった際の支援の量に影響して大きな分岐をもたらしていくかもしれない。さらに、ここで最後に言及しておきたいのは、「震災という出来事の影響」は、「適度な距離」を維持できる時間を微妙に短くしてしまうことや、老後も維持しようと思っていた「適度な距離」のバランスを少し崩してしまうことにあるのではないかという点である。たとえば、若林さんは、新居を建てる際に、介護が必要になったときに向けて備えていた貯金を使ってしまうことで、将来的に子に頼らざるを得なくなったという認識を示している。このことは、それまでの人生で得た蓄えという資源を、被災によるダメージを吸収するために失い、今後の人生において娘による支援の重要性が増したことを意味している。このような微妙な影響は見えにくく、また、その影響が実際に大きな問題とはならぬまま人生が経過していく可能性もある。しかし、震災の中長期的な影響を考えていく際に、無視できぬことでもある。生活とは些細な出来事の積み重ねであるのだから。

■注

1　この点に関しては、高齢期の介護生活をとりあげた2章でより顕著に見ることができた。

■文献

白波瀬佐和子 2012「世代と世帯からみる経済格差」『社会学年誌』41: 9-21.

第8章

脆弱性とリスク

被災者支援と社会保障

田宮遊子

1　被災後の生活の変化は、災害によるものなのか、他要因によるものなのか

災害と脆弱性に注目した私たちの調査研究の当初の仮説はこうだった。災害は、脆弱性の高い人により大きなダメージを与え、さらにはかれらが元通りの生活を取り戻すためにより多くの時間を費やすことになってしまうのではないか。これは、ベン・ワイズナーという災害研究者が主張する考え方である（ワイズナー他 2004=2010）。脆弱性の高い人ほど被災の影響が大きいのであれば、災害前から脆弱性の高い人により多くの公的支援が提供されるべきであろう。果たして東日本大震災において、脆弱性の高い人への被害が大きく、その状況において、公的な支援が有効性を持ち得ていたのか、被災地での調査によって検証することが、私たちの研究の大きな目的のひとつであった。

たしかに、災害発生前からの脆弱性と災害の影響との関係は無視できない。東日本大震災の犠牲者の半数以上が高齢者であった[1]。また、被災三県での障害者の死亡率は人口全体でみた死亡率の約二倍近くにのぼり[2]、脆弱性の高い人ほど災害で命を奪われていることがわかる。発災直後の避難生活の中で、障害者、要介護高齢者、シングルマザーなど脆弱性の高い人たちがさまざまな困難を経験していたことは、私たちの聴きとり調査のなかでも聴取された。

しかしながら、災害発生から一年以上経過した時点での生活をみると、所得や仕事の変化は予想したほど激しいものではなかった。また、介護や介助の必要度に変化がみられたとしても、その原因が被災によるものなのか否かの特定にまでは至らなかった。つまり、これらの点について、被災前から脆弱性の高い者にとっての中長期的な生活の変化は、劇的なまでに大きいとはいえず、また、変化があったとしてもそれが災害の影響なのか、災害がなかったとしても起きていたであろう変化なのか、その識別が難しい。以下では、まず、住居、仕事、所得、介護の必要度の変化について私たちの調査から得られた結果をみていこう。

(1) 住居の変化

まず、災害で住居を一時的に失い、その後、安定した住居を確保するまでの過程において、被災前からの脆弱性が影響しているのかという点についてみていく。

私たちが実施した「二〇一三いわき市応急仮設住宅入居者調査（以下、「二〇一三調査」と略記）」と「二〇一五いわき市応急仮設住宅入居者追跡調査（以下、「二〇一五追跡調査」と略記）」は、震災により被災前の家に居住できなくなり借り上げ住宅や仮設住宅に一時的な住まいを移すという、住居に関する大きな変化を経験した世帯を対象としている。「二〇一三調査」時点では全員が応急仮設住宅（借り上げや仮設住宅）に居住しており、約一年半経過後の「二〇一五追跡調査」時点にかけて、借り上げや仮設住宅に住み続けている世帯と、災害公営住宅、民間賃貸や持家に移った世帯とに分岐していく。

「二〇一五追跡調査」に回答した世帯のうち、被災前の住居が持家だった世帯は七四％におよぶが、「二〇一五追跡調査」時点で持家に居住する世帯は二七％にとどまる。また、「二〇一五追跡調査」時点でひきつづき借り上げや仮設住宅に住み続けているのは回答者の四四％を占め、災害公営住宅に移った世帯が二一％、民間賃貸に移った世帯が六％であった（本書資料2・表1）。

では、住宅の移動にはどのような特徴があるのか。震災が発生した時点の世帯員の属性が、被災から約二年半後（「二〇一三調査」時点）から約四年後（「二〇一五追跡調査」時点）までの間の住居の変化にどのような影響を及ぼしているのかをみるために、両調査のデータを用いて被災者の住居の変化に関する多項ロジット分析を行った。

表1では、その結果を相対リスク比で示している。相対リスク比1を上回る変数は、基準カテゴリーに設定した「借り上げ・仮設」よりも「公営住宅」、「民間住宅」、「持家」に住むそれぞれの確率を高める要因であり、それが1を下回る変数は、それら三種の住宅に住む確率を低める要因というように解釈できる。

分析結果をみると（表1）、世帯収入が高いほど、また、世帯人数が多いほど、借り上げ・仮設にとどまるよりも持家に移動する確率が統計的に有意に高かった。つまり、震災前から経済的に豊かな世帯で持家を取り戻せているということだ。また、いわき市の災害公営住宅は2DKから3LDKの範囲となるため、三世代家族などの多人数世帯が同居するためには自宅を再建するしかないことも、被災時に世帯員が多いほ

表1　被災者の住居の変化に関する多項ロジット分析

基準カテゴリー	災害公営住宅 vs 借り上げ（仮設） 相対リスク比	民間賃貸 vs 借り上げ（仮設） 相対リスク比	持家 vs 借り上げ（仮設） 相対リスク比
世帯人数	1.55	0.78	2.14**
18歳未満の子どもがいる	0.32	0.35	0.14*
高齢者がいる	0.87	0.84	0.93
就労収入有	1.38	0.54	0.82
世帯収入	0.92	1.28	1.33**
全壊（vs 半壊）	13.72*	1.37	1.33
民間賃貸（vs 持家）	0.75	1.59	0.42
Log likelihood	-223.88		
Prob>chi2	0.00		
Pseudo R 2	0.13		
N	206		

**p<.01, *p<.05
※基本統計量は資料2「いわき2013調査と2015追跡調査」表1を参照のこと。

ど持家に移動する確率を高める一因であろう。

逆に、未成年の子がいることは、持家へ移動する確率を低下させていた。これを解釈するならば、子どもの転校を避けるなどの地理的な制約が、持家への転居を含む住居の移動を慎重にさせているのかもしれない。そうだとしたら、被災後の住居が学区外に移ったとしても、震災前と同じ学校に通えるような対応が必要であろう。

罹災の程度については、全壊の場合に災害公営住宅への入居確率がきわめて高いが、そもそもいわき市における災害公営住宅の応募資格[3]は全壊が条件になっていることを反映している。災害公営住宅以外の持家や民間賃貸への住居の移動にかんしては、被災の大きさは統計的に有意な影響がみられなかった。

このように、被災してから四年以内に持家を再建、あるいは修繕して移動する可能性については、被災の大きさよりも、被災前の所得水準や家族の状況の影響を受けていたことがわかる。

（2）仕事の変化

「二〇一三調査」で、震災前と調査時点での就労状況の変化についてたずねたところ（表2）、震災前から就労していた六五歳未満の女性の六割、男性の七割が震災後も同じ仕事に就いており、震災前とは異なる仕事に就いている者もあわせれば、女性の約八割、男性の約九割が震災後も就労していた。震災前から無業だった者は、震災後もその八割が無業にとどまっていた。震災前から就労していた人の多くが震災後も引き続き就労し、無業化していた人の多くが震災後もかわらず無業にとどまっている傾向がみられた。

震災前に就労していたにもかかわらず、震災後に無業化したのは、「二〇一三調査」では、女性で一一％、男性で三％みられた。女性のなかでも、とくに、有配偶で未成年の子どもがいる場合に、無業化の割合が比較的高かった（一四％）。これは、『就業構造基本調査』を分析した玄田（2014）の結果と整合的だ。玄田（2014）は、震災前に就業していたが震災によって離職、あるいは休職した人々の二〇一二年一〇月時点での無業確率を推計している。男性よりも女性で無業化確率が高く、無業化した女性の就業意欲は男性よりも低い傾向がみられた。

ただし、女性や有配偶者の無業化傾向は被災のどのような影響によるものなのか。災害の影響で女性や有配偶者に適した求人が減少したといった労働需要の問題なのか、生活再建のための家事負担が重くなるなどの供給側の問題なのか、あるいは、福祉資源の減少による育児や介護負担の増加といった、地域の社会基盤の変化によるものなのか、因果関係は特定できていない。

また、玄田（2014）では、有配偶者とくらべて、離死別経験者で無業化確率が低いという結果も示されている。「二〇一三調査」でも、調査時点でのシングルマザーの就労率は八五％と高く、また、シングル

表２　震災前後の仕事の変化（男女別、％）

	震災前	震災後					
		同じ仕事	違う仕事	休職中	求職中	無業	合計
女性	就業（N=146）	59.6	19.2	2.1	8.2	11.0	100.0
	求職中（N=11）	-	36.4	-	45.5	18.2	100.0
	無業（N=43）	-	14.0	-	7.0	79.1	100.0
	合計（N=200）	43.5	19.0	1.5	10.0	26.0	100.0
男性	就業（N=186）	69.4	17.2	2.7	7.5	3.2	100.0
	求職中（N=10）	10.0	30.0	10.0	50.0	-	100.0
	無業（N=11）	-	-	-	18.2	81.8	100.0
	合計（N=207）	62.8	16.9	2.9	10.1	7.2	100.0

出所：「2013いわき市応急仮設住宅入居者調査」

マザーの六割が震災前後で同じ仕事を継続していた。

もちろん、シングルマザーが被災による影響を受けていないわけではない。わたしたちが実施した被災シングルマザーへの聴きとり調査からは、業務負担が重くなったり、家事や育児負担が増加することで就労が困難になるなど、被災による何らかの影響を受けていた。しかし、被災による環境の変化や世帯員の状況の変化など、就労することへの困難がふだんより増したとしても、長期間の失業や、無業化するといった就労の断絶を回避する行動をとっていた。そうした危機回避行動が、災害による変化を吸収し、被災前後の生活を一定レベルに維持していた。

（３）所得、介護の必要度の変化

「二〇一三調査」と震災から約四年経過時点で実施した「二〇一五追跡調査」のそれぞれの調査時点における世帯所得の変化をみると、両調査間で所得が減少した世帯が二五％であったのに対し、変化のない世帯が三九％、むしろ所得が増えた世帯が三六％であった（表３）。世帯構成別にみると、母子世帯を除く子どものいる世帯の六割で所得の増加がみられる。高齢夫婦世帯と中壮年単身男性世帯のそれぞれ四割

表3 第1回いわき調査（2013年9月）と第2回いわき調査（2015年2月）の間の世帯所得の変化

	増加	変化なし	減少	計
母子世帯	40.0	60.0	0.0	100.0
その他有子世帯	58.3	36.1	5.6	100.0
高齢単身女性	20.0	64.0	16.0	100.0
高齢単身男性	16.7	75.0	8.3	100.0
高齢夫婦	23.1	34.6	42.3	100.0
高齢その他世帯	46.7	28.9	24.4	100.0
中壮年単身女性	28.6	42.9	28.6	100.0
中壮年単身男性	25.0	33.3	41.7	100.0
その他世帯	50.0	16.7	33.3	100.0
全体	36.3	38.7	25.0	100.0

で所得の減少がみられたが、世帯所得の相対的に低い母子世帯や高齢単身女性世帯の六割が所得に変化がなく、所得が減少した世帯は少数であった。このように、被災前の経済状況が悪い世帯ほど被災による負の影響が大きいという傾向はみられなかった。

次に、介護の必要度についてみると、「二〇一三調査」での「東日本大震災前と現在とを比べて、介護の必要度に変化はありますか」との設問に対し、六三％の人が震災前より介護が必要と回答し、三五％が震災前と変化はないと回答した。発災から二年半後の時点で、およそ三分の二の要介護者の介護度が増したのは、震災により地域の医療・福祉資源が乏しく介護度の悪化につながったからなのだろうか。あるいは、加齢による心身の変化が介護の必要度を高めたのかだろうか。その要因の識別は難しい。

このように、仕事や所得については、被災前から脆弱性が高い者ほど震災による影響が大きい、という顕著な傾向はみられなかった。また、介護の必要度のように、変化があったとしても、それが被災の影響によるものなのか加齢による変化なのか、私たちの調査からは明確な答は出すことができなかった。

2　被災者への公的支援

ここからは、わたしたちが実施した被災者への量的・質的調査の結果をふまえて、被災前からの脆弱性の高低と公的支援の役割について考えてみる。災害関連の公的支援は、災害という突発的な被害により失われたものを被災前の状態に回復する役割を担うものとし、日常生活のリスクに対しては、社会保障制度が機能するものと、まず、区別しておく。そのうえで、災害関連の公的支援と社会保障制度との関係について、被災前後の生活水準の距離という観点から整理する。

被災前後の生活水準の距離について、単純化した三つのパターンを図示した（図1）。被災前の生活水準が高くはない者（図のB）と比べ、被災前の生活水準が高く、私有財産を多く持つ者（図のA）にとって、被災前後の生活水準の落差は大きくなる。被災者に対する公的支援が被災前の生活の回復であるのなら、Aのような多くを失った者に多くの資源が投入されることになろう。

しかしながら、私有財産、なかでも持家の再建に対する直接の

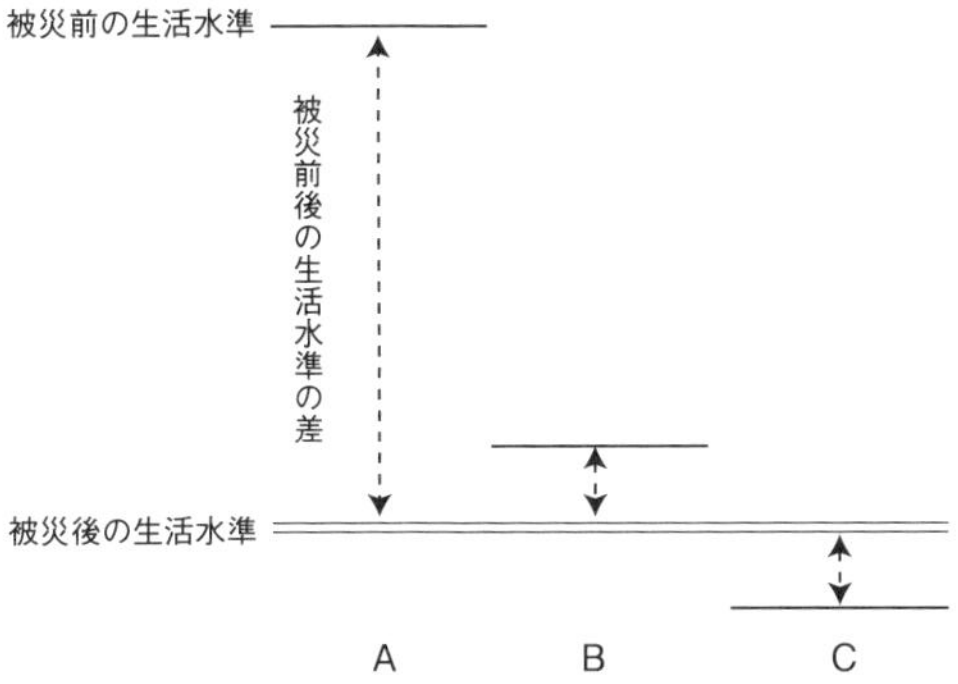

図1　被災前後の生活水準

公的支援は控えられてきた。災害対策をめぐる国会での議論は、私有財産である住宅の再建に公費を投入することは妥当ではないという見解が基本であった（青田 2011）。ただし、被災自治体では、独自の支援策が制度化されている。なかでも、二〇〇〇年に発生した鳥取西部地震に際して、鳥取県が住宅の再建や購入への現金給付を制度化したことを機に、複数の自治体で独自の施策がつくられていった。私有財産の再形成へ公費を投入することの論拠として主張されたのは、個人の住宅への支援は地域の維持・再生に寄与するから、私有財産の形成を超えた公共性があるというものだった（佐藤 2008、青田 2011）。

持家の再建に公的な支援を求める声は、私たちの実施した聴きとり調査の対象者からもきかれた。例えば、親世代とともに広い敷地の住宅を所有していた野口さんは、半壊した自宅の再建を強く希望しつつも、震災前の自宅のローンと新たなローンの双方を負担すること（いわゆる二重ローン）は経済的に厳しく、震災前の住宅の水準を取り戻せていないことへのいら立ちが語られた。成人した子ども夫婦と十分な広さの持ち家にくらしていた浅野さんは、自宅を再建し、被災前と同様に三世代同居を望んでいたが、単身で復興住宅に入居した。独力での自宅の再建は経済的に厳しいが、成人した子との同居を前提にした自宅の再建が、浅野さんの希望であった。ところが、子ども夫婦は被災を契機に独立して家を構える意向を示している。震災で広い住宅と子との同居生活を同時に失ったことは、復興住宅への入居後もぬぐいきれていない喪失感を浅野さんに残しているようにうかがえた。

このように、被災に対する公的支援が、被災前の生活の回復であるならば、大規模災害に際して持家の復旧支援を求める声があがるのは、当然であろう。そうした住民の声に対して自治体独自の施策が実施されることもあるものの、豊かな住宅資源を持っていたが自己資金のみで住宅を再建できない被災者にとっては、それを取り戻すに十分な公的支援は提供されていないことになる。

では逆に、もともと脆弱性の高い者にとって、公的支援がすべきは、もともとの低い生活水準までに限定された支援であるべきなのか。

このことを考えるにあたって、まず、一九九五年の阪神淡路大震災での例を挙げよう。阪神淡路大震災は都市型の震災であったことから、可視化される程度の路上生活者が存在した。震災前から路上生活をしていた人々に対して、避難所から排除する対応や言説がみられた。写真週刊誌『FOCUS』は、「避難所に紛れ込んだホームレスの〝快適な衣食住〟」という見出しで、ホームレスが「ちゃっかり避難所に潜り込んで」「避難所での生活を満喫している」として、中年男性ふたりが炊き出しの食事をとっている後ろ姿の写真を掲載した。震災に便乗して、震災前よりも高い水準の生活を謳歌しているとの揶揄は、路上生活者を「被災者」とはみなしていないことを示している。

岩城（1996）は、阪神淡路大震災後の避難所から行政が路上生活者を排除していた事実があったと批判し、行政職員の発言を記録している。路上生活者に対する「仮設住宅の斡旋など問題外、前にあった状態に戻すのが私達の仕事ですから」という神戸市職員の発言からは、被災以外の理由で最低生活を下回る生活を余儀なくされていた者の衣食住の保障が、災害時の公的支援の範疇にはないと判断されていることがわかる。つまり、災害前の生活水準が、最低生活を下回るほどに低かった者（図のC）が、被災者への支援によって被災前の生活水準を上回ることは、被災者への公的支援で「得をする」ことであり、それは不適切なあってはならない支援であるということだ。

では、被災前の生活が最低限の水準を下回ることはないものの所得は低く、平常時の社会保障制度によって生活が維持されている人々（図のB）についてはどうだろうか。災害時の公的支援が災害前の生活水準の回復なのであれば、この場合、被災前からの低所得でつつましい生活水準に再び戻る程度の控えめなもので足りることになる。被災前から脆弱性の高い人に対する公的サポートが、もし被災前の生活よりも豊かさが増すような支援だとしたら、それは「焼け太り」をもたらす不適切なものと位置付けられかねない。

私たちが聴きとり調査をした、シングルマザーの穴沢さんは、震災前後に三回にわたって癌の手術を受けた。震災後の二回分の手術は、被災者を対象とした医療費の免除が適用され、自己負担なく入院、治療を受けることとなった。このことについて穴沢さんは、「そんな言葉を使っちゃいけないのかもしんないけども」とためらいながらも、「不幸中の幸い」、「半分ラッキー」と語った。穴沢さんの例は、震災による支援が、直接の被災による被害以外のリスクに対応した不適切な事例と言っていいのだろうか。むしろ危惧されるのは、もし医療費の免除がない時期に癌の手術と入院が必要だったとしたら、穴沢さんにとって医療費支出が大きな経済的負担となっていた可能性があるということだ。

シングルマザーの川島さんは、ふたりの子どもの進学費用に不安を抱えている。公立高校以外にはいかせられないだけでなく、学校生活に必要な諸費用の捻出さえも厳しい家計の状況は、震災があろうとなかろうと、その厳しさは「変わんない」と、聴きとり調査の際に語った。

母親とのふたり暮らしをしている武藤さんは、震災後に生活保護を受給することになるが、震災前から患う難病と、佐藤さんの幼少期から続く世帯収入の不足が受給開始の理由であって、被災による生活の変化のためではなかった。柏崎さん家族も、同じく、震災後に生活保護の受給を開始した。老親をかかえ、兄妹ともに就労の壁となる障害を持つ家族であったが、生活保護を受けたくはないという気持ちで節約に努めて生活をつないできた。震災から数年を経て、世帯を支える兄が高齢化するなかで、生活保護の受給を決心している。柏崎さんの場合にもまた、被災は生活保護受給開始の直接の要因ではなかった。

震災前から経済的にぎりぎりの状態で生活していた人たちにとって、災害発生から一定期間経過後も続く生活の変化は、災害によって劇的にもたらされた被害の結果というより、日々の綱渡り的な生活の中でときおり発生するリスク（病気、障害、失業、離婚など）の一つとして横並びに位置づけられているようにみえた。もちろん、もともと脆弱性の高かった被災者の生活は、災害後も不安定なまま続いている。ただ、その不安定さは、災害によるものなのか、他の要因によるものなのか、識別が難しい。逆に言えば、その区分けが難しいほど、被災前の生活が不安定であったということだ。

3　おわりに

大規模災害という大きなショックに対して、災害発生前から個々人や個々の家族が有している脆弱性がどのように作用したのか、そして、被災者に対する公的支援はどのように機能したのかを探ろうとした私たちの調査研究から、私自身が読みとった結論は次のようになる。ただしこれは、必ずしも本書の執筆者全員の一致した見解ではないことは断っておく。

第一に、被災者支援に求められる脆弱性の配慮とは、被災直後と、復興段階に入ってからとでは異なるのではないかということだ。地震や津波の被害によって、また、避難生活のなかで、発災前から脆弱性を有している人びとは命を落とす危険性が高いことが指摘されている。脆弱性の高い人びとが発災直後の混乱期にさまざまな困難を経験していることは、私たちの調査からもみえてきた。このように、災害発生前からの脆弱性と、災害発生直後の被害との関係は無視できない。災害発生直後の被災者支援は、脆弱性の高さへ最大限の配慮をした支援が必要である。

一方で、中長期的な生活復興という段階に入った時点において、深刻な生活課題を抱えていたり、生活に困窮している被災者に対して、生活の安定をもたらすための支援を被災者支援というかたちでは行えないのではないか。被災前から脆弱性の高い人びとの中長期的な生活の変化は、それが災害の影響によるものなのか、それ以外の要因による変化なのか峻別することは難しい。大規模災害発生時の公的な被災者支援は、大量の対象者と予算制約のなかで、公平性が厳しく問われるものであって、原因を災害と特定できない困窮に対しても被災者支援の方法をとることは、効率性と公平性の両面から適切ではない。

第二に、脆弱性の高い被災者に対しては、被災者支援と平常時の社会保障制度との接続や機能分化によって、その生活の安定がはかられるべきではないかということだ。もともと脆弱性の高い者は、災害で低下した生活水準と被災前の生活水準との差が小さいことから、回復のための資源投入が少なくてすむかもしれない。それに加えて、やりくりしながらの生活が日常であり、生活の変化の対応に慣れている、長けているということが、多くの支援を求めない行動につながっている可能性がある。それらの結果、脆弱性の高い被災者の生活が低水準にとどめられてしまうのであれば、それを改善するのは、通常の社会保障が担うべき役割であろう。脆弱性の高い被災者にとって中長期にわたる生活の安定は、被災者支援という非日常への支援スキームからではなく、日常で起こり得るリスクを対象とした社会保障制度による生活の底上げによってしか実現しえない。

では、最低生活を下回る生活をしていたホームレスの人々が被災者となることで、無償の衣食住の提供を受けることは、「焼け太り」なのだろうか。ここで問題の核心は、平常時のセーフティ・ネットの破れである。被災者支援でたまたま上昇したかのようにみえる状況は、日常の社会保障により長期的な安定がはかられるべき事柄である。

また、私有財産の典型である持家の再建に対する公的支援については、慎重な姿勢が求められる。私たちが実施した追跡調査の結果では、震災前から所得の高い世帯ほど、仮設住宅から持家への移動が可能である傾向がみられた。持家の再建がかなう人々がいる一方で、仮設住宅にとどめおかれている人々が存在するときに、高所得者が対象となる公的な持家再建支援の優先度は低くなる。林（2003）は、耐震にすぐれた住宅を建てた者に対する固定資産税の優遇など、防災へのインセンティブを高める制度設計の必要性を主張している。私有財産への保証は、被災者支援ではなく、防災対策として位置付けていくことは、一つの考え方であろう。

■註

1　厚生労働省（2012）によれば、東日本大震災の犠牲者のうち六五歳以上の高齢者が全体の五四・四％を占め、後期高齢者（七五歳以上）に限定すると、三三・三％を占めていた。

2　二〇一二年九月五日現在のＮＨＫ調べによれば、被災地住民全体の死亡率〇・七八％に対して、障害者の死亡率は一・四三%であった。（第二回災害時要援護者の避難支援に関する検討会資料「8-2 東日本大震災における障害者の死亡状況について（平成二四年九月五日現在NHK調べ）」）http://www.bousai.go.jp/taisaku/hisaisyagyousei/youengosya/h24_kentoukai/2/8_2.pdf

3 大規模半壊、または半壊の場合には、住宅の解体を条件として災害公営住宅への申し込みが可能となる。

■文献

青田良介 2011「被災者の住宅・生活再建に対する公的支援に関する考察」『災害復興研究』(3)：87-117

岩城春雄 1996「震災復興過程でホームレスはどう扱われたか?」『週刊金曜日』一九九六年三月八日：28-29

玄田有史 2014「東日本大震災が仕事に与えた影響について」『日本労働研究雑誌』56(12)：100-120

林春男 2003『いのちを守る地震防災学』岩波書店。

厚生労働省「平成23年（2011）人口動態統計（確定数）の概況」、「人口動態統計からみた東日本大震災による死亡の状況について」http://www.mhlw.go.jp/toukei/saikin/hw/jinkou/kakutei11/dl/14_x34.pdf

佐藤靖 2008「被災地の真の復興に資する制度に——被災者生活再建支援法の一部を改正する法律案」『立法と調査』(276)：40-53

ベン・ワイズナー他、岡田憲夫（監修）、渡辺正幸、石渡幹夫、諏訪義雄他訳 2010『防災学原論』築地書館

著者不明「避難所に紛れ込んだホームレスの〝快適な衣食住〟」『FOCUS』一九九五年三月八日：24-25

第9章

仮設住宅で暮らす世帯の悩みのリアリティ

「いわき市内被災者生活状況調査」の自由記述の分析から

井口高志

1　はじめに

本書のもととなった私たちの調査プロジェクトには、脆弱性を抱える人たちが、震災という出来事によってより大きなダメージを受けるのではないか、という当初の仮説があった。そして、その仮説の下で、その実態を把握し、その上で、公的支援・社会保障のあり方を考えていくことが目的であった（序章参照）。このように、公的支援と社会保障を考えるとき、誰のどのようなニーズを対応すべきニーズとするのか、または優先すべきなのかということや、どのような生活が支援によって取り戻すべき水準となるのかを論じることが必要になってくる。その決定の一つの手がかりに実態の調査があるわけである。

だが、調査を進めていく中で痛感せざるを得なくなっていったのは、何が被災からの復興であるのかという問題、すなわち、何が必要とされているかは、それぞれの人、世帯、地域に応じて異なっていることであった。被災直後の最低限の住まいの確保のように多くの人に共通するだろうニーズもあるが、本書のように中長期的な復興に焦点を当てた場合、ニーズはよりばらけているように見える。たとえば、どのような住まいであれば平常に戻ったと捉えるかは、個々人や個々の世帯のリアリティに応じて異なるだろう。そのリアリティの違いは、各世帯の被災以前の生活状況や、被災した地域の特徴などによる違いでもあり、復興過程において経験される復興の時間差によるものでもあろう。

以上のような認識に基づき、本章は、いかなる公的支援が必要か、という問いへの回答を一旦脇に置いて、被災者それぞれの悩みや不満のリアリティについて、全体としての傾向を整理しつつ、同時に、そのバリエーションも捉えてみたい。実際に、被災者の声として、どのような悩みがあり、何を背景にその声のバリエーションが生まれているのだろうか。さらに、悩みにバリエーションがあるとしても、こうした調査においては、どういう声が現れやすく見えやすいのだろうか（逆に、どういう声が現れにくく見えにくくなるのだろうか）。それらの課題の探求は、何を基準に人々が不満や困難を表出しているのかを考えることにもつながるだろうし、まわりまわっていかなる公的支援が必要なのかを考えていく際に何らかの示唆をもたらすかもしれない。

2　二〇一三年夏から二〇一四年年末にかけてのいわき市の状況

1節で述べた課題に取り組むために、本章では二〇一一年三月一一日から約二年半近く過ぎた二〇一三年八月から九月にかけて行ったいわき市内被災者生活状況調査[1]（二〇一三年調査）と、第一次調査から一年少し過ぎた二〇一四年末から二〇一五年にかけての第二回調査（二〇一五年追跡調査）のデータを用いる。このデータの概説と分析に入る前に、調査を行った時期のいわき市の概要について、住宅事情を中心に示しておこう[2]。最初の調査を行った二〇一三年夏ごろに報告されていたいわき市の震災による被害は、死亡者四四六名（二〇一三年九月二日時点）、罹災証明発行件数（新規申請のもので変更件数は含まない）九万七〇二三件（二〇一三年八月三〇日時点）であった。そうした被害に対して、応急仮設住宅の建設戸数は三五一二戸だったが、その内いわき市民対象は一八九戸で四六九名が入居していた（八月三〇日時点）。他方、賃貸住宅等を借り上げる形の仮設住宅が二四九五世帯で六八八一名が入居していた（同上）。また、仮設住宅の次の行き先となる、いわき市の災害公営住宅は二〇一四年三月に最初の三二戸分への入居が開始し、二〇一四年一一月下旬時点で、予定戸数一五一三の内六二七戸分への入居が開始された。

本章で取り上げるデータは以上のようないわき市の状況と時期などの背景を踏まえて解釈する必要がある。仮設住宅（主には借り上げの賃貸住宅）への入居者を対象に行った二〇一三年の第一次調査の時期は、災害公営住宅の入居が開始される前であった。したがって、恒久住宅への見通しとして、少しずつ災害公営住宅の計画が見え始めてきたころの、仮設住宅で生活している人たちの実態や悩みを捉える調査だったと言える。他方で、二〇一四年末は災害公営住宅への入居開始後で、二〇一五追跡調査の行われた二〇一四年末から二〇一五年頭ごろは、災害公営住宅への入居が本意の場所／不本意な場所含め決まった人、迷っている人、また自宅を再建した人などに分岐していった。住居が決定したものの悩んでいる人もあり、住宅の見通しがだんだんと見えつつも、他方で不安の中で決定が迫られる時期でもあったと言えるだろう。

さらに、いわき市は、被災地でありつつも、福島第一原発により近い他の被災地域からの中核的な受け入れ都市という特徴を持っている。原発の強制避難地域や自主避難地域から多くの避難者が移動し、市内にはそれらの地域の人が入居する大規模な仮設住宅なども点在していたり、避難を契機として市内に移住してきたりする人たちも多かった。二〇一三年七月一日時点でいわき市内への避難者は二万三五三五名で、そのほとんどを双葉郡八町村と南相馬市の住人が占めていた。いわき市内の津波や地震による被害も甚大であったが、いわき市民の目には、避難者の住む仮設住宅や避難者の生活、原発事故を理由とする避難者への補償などの支援の状況が情報として（流言に近いものも含め）入ってきている状況でもあった。私たちの調査は原則としていわき市民対象のため、原発避難の人たちは対象となっていなかったが[3]、いわき市民自身が自らの状況を捉える参照点の一つとして、実際にはいわき市で生活をしている原発避難の人たちの存在があったと言えるだろう。

3　用いるデータと分析の方針

本章で用いる二つの連続した調査の自由記述は、不完全な形ではあれ、いわき市内で被災した人たちそれぞれが経験する悩みや不満の傾向と、バリエーションを見るのに適したデータである。前述したように、この調査は、主にいわき市内で被災し、一旦仮設住宅（借り上げ仮設住宅が大多数を占める）に住むという「共通の経験」をした人たちに対して行った。自由回答全体の世帯類型別の構成比は、二〇一三年では高齢者のいる世帯の割合が五割程度を占め、二〇一五年調査では、さらに高くなり六割を占めている（調査票調査全体の回答者の世帯類型別構成比との対比や、それぞれの類型別の回答率については本書末の「資料2　いわき調査自由記述の基礎的集計」を参照して欲しい）。

本章と同様に、被災者自身による予めコード化されていない記載や発話を分析した震災関連の研究として、東日本大震災の足湯ボランティアが聴き取ってカードに記録した「つぶやき」をデータとしたものがある（似田貝・村井 2015）。似田貝・村井（2015）での「つぶやき」のデータの分析においては、つぶやきを読んでラベルをつけた上で、悩みの種類の多さや時系列でどのように変化していったのかを見るとともに、つぶやきの内容の分析も行っている。この研究でなされているように、自由記述形式は文字データという意味では質的なデータであるが、頻出語の数をカウントしたり、その時系列的な変化を見るなどの量的な分析も可能である。樋口耕一は質的データの計量分析は、莫大な質的データのどこに注目して分析を行っていくかを把握するための前段階の整理としても有用であることを述べている（樋口 2014: 5-7)。本章でも、それらの方法論上の示唆を踏まえ、全体の傾向を量的に把握するとともに、その記述の内容も見ていく。また、似田貝・村井（2015）においては、足湯ボランティアとそこに来る人の相互行為の中で発せられた言葉をボランティアが書き留めるというデータが生まれる形式に留意した上で、その内容が何を示すものなのか、ボランティアが聴く行為とはいかなることなのかについての考察を行っている（三井 2015)。本章の分析においても、被災地域外の大学に所属する研究者たちによる調査票を用いた仮設住宅への調査における自由記述であるというデータの得られたセッティングに注意を払い、そこに書かれたこと、書かれなかったことに目を向けるような分析を行っていく。

具体的には、調査実施後の計量テキスト分析などの基礎的なデータ整理（「資料2」参照）や今回得られた個々のデータの性質の検討・分類（二三三頁のコラム参照）を踏まえた上で、以下のような方針で分析を行った。まず、それぞれの自由記述を一つ一つ読んで付与したラベル（悩みや困難の内容を示す分類）の数などを見ることで全体の傾向を把握する（4節)。その上で、中心的な悩みである経済や居住に関する記述内容の特徴を、世帯類型や居住状況などのより実態に近い変数との関連にも留意しながら見ていく（5節)。また、時点の異なる二回の調査であることを生かして、限定的ではあるが、二回の間での変化についても適宜触れていく。

4　自由記述の全般的な傾向

（1）自由記述へのラベル付与

まず、自由記述の中に現れている悩みや不安について、最初に、内容の大まかなバリエーションの把握、および全体的な傾向と二回の調査の間での変化の傾向を簡単に見ていこう。それを把握するために、自由記述の内容を読んだ上で悩みの種別のラベルを付け、全体的にどのようなラベルの悩みが多いのかを数える作業をまず行った。二〇一三年調査の分析の際にラベルを設定し、二〇一五年追跡調査においても同じラベルを用いた。表1が付与したラベル名とその内容であり、それぞれのラベルの付いた自由回答の数と、その調査票調査回答者数全体（二〇一三年 n=582、二〇一五年 n=251）に対する割合を示している。なお、これらのラベルは一つの自由記述に複数付与される場合もある[4]。大まかに言って、①経済状況や収入に関するもの（経済、仕事）、②居住や住まいの条件に関するもの（居住地、居住環境、移動）、③人間関係（孤立・近隣関係、家族関係）、④健康・医療・介護に関するもの（健康、無為無気力・不安、介護）、⑤地域の状況に関する訴え（原発・放射線、無理解）の領域にわたる一二のラベルを付けた（その他除く）。

以上のように設定したラベルの中で、いずれかの年度において一〇％以上の人が回答していた4ラベルを、世帯類型別で割合を見たものが表2と3になる（世帯類型の分け方については本書末の資料2を参照）。これらのデータを参照して、まずは、悩みの全体的な傾向をつかむ。また同時に、数としては多くないラベルの記述内容のバリエーションについて簡単に整理する。

（2）量的に多い記述

●悩みの中心としての住まいと経済

量的な面から見た場合、自由記述回答の中心となっていたのは住まいと経済に関する記述である。データの基礎的把握のための計量的なテキスト分析では、二回の調査ともに住宅・住まいに関する言葉が多く登場していた（本書末の資料2参照）。その住宅・住まいに関する悩みの内容を一つ一つ見ていくと、大きく、①将来を含めた住まいの見通しに関するものと、②現在の住宅（主にみなし仮設住宅としての借り上げアパート）に関する悩みの二つに大別でき、前者に〝居住地〞、後者に〝居住環境〞というラベルを付けた。二〇一三年では〝居住地〞が一四七（二五・三％）とラベルの中で最も多く、二〇一五年では四一（一六・三％）と後述する〝経済〞に次いで多かった。世帯類型別に見ると二〇一三年には単身の女性世帯（高齢単身女性、非高齢単身女性）での割合が高く、二〇一五年は高齢単身女性において高かった。

また、〝居住環境〞に関する不満や悩みは二〇一三年に八一（一三・九％）、二〇一五年に一八（七・二％）であった。世帯類型別に見ると、いずれの回も高齢単身男性（二〇一三年には高齢その他世帯も）中の記述割合が高かった。しかし、二〇一三年の居住環境の悩みは、集合住宅の狭さへの言及が目立ち、高齢単身男性以外の世帯類型別で見ると、高齢その他世帯（独居・高齢夫婦・三世代世帯を除いた高齢者のいる世帯）や有子世帯（母子世帯とその他有子世帯）での言及率が高く、単身世帯全体ではそれほど割合が高くない。仮設住宅の居住条件に対して世帯人員が多い人たち中心にこの悩みに言及していたと考えられる。た

表1　ラベル名、内容、ケース数・割合

ラベル	内容	2013	2015
経済	現在の生活費、ローンなど。現状に対する保障の不足なども含む。	17.5%（102）	20.3%（51）
仕事（雇用の安定）	仕事が見つからない。探している。仕事の収入低下など。	4.3%（25）	3.2%（8）
居住地	次や最終的な住まいの落ち着き先に関する悩み。	25.3%（147）	16.3%（41）
居住環境	現在の居住地・住宅の環境設備に関する困りごとへの言及。	13.9%（81）	7.2%（18）
移動	買い物・通勤・通学など移動に関する困りごと。	2.4%（14）	4.0%（10）
孤立・近隣関係	住まいが変わってしまったことによる孤立。近所との争い。	6.5%（38）	4.8%（12）
家族関係	家族間の問題への言及。関係の悪化。別居せざるを得ないこと。	3.6%（21）	3.6%（9）
健康	病気や精神的不調などに関する言及。	10.3%（60）	10.8%（27）
無為無気力・不安	やる気が起こらない。漠然とした不安。	3.8%（22）	3.2%（8）
介護	介護に関する言及。別居の世話、介護不安なども含む。	4.0%（23）	6.0%（15）
原発・放射線	原発や放射線に対する不安への言及。	5.2%（30）	2.4%（6）
無理解	現状に対する報道や行政対応の誤解を嘆き、外部の人に本当の理解を求めるもの。	6.9%（40）	8.8%（22）
その他	上記に当てはまらないもの。感謝などを示すもの。	1.9%（11）	5.6%（14）

＊パーセンテージは調査票調査の有効回答数（2013年582、2015年251）に対するもの。（　）内は回答数。

表2　世帯類型別割合（2013年、n=582）

	経済	居住環境	居住地	健康
有子世帯（76/128）	19.5%	15.6%	25.0%	6.3%
母子（11/20）	15.0%	15.0%	25.0%	5.0%
その他有子（65/108）	20.4%	15.7%	25.0%	6.5%
高齢者世帯（185/297）	15.2%	14.8%	25.6%	12.5%
高齢単身女性（27/52）	9.6%	3.8%	30.8%	9.6%
高齢単身男性（17/29）	17.2%	20.7%	20.7%	6.9%
高齢夫婦（59/93）	12.9%	10.8%	23.7%	17.2%
高齢その他（82/123）	18.7%	21.1%	26.0%	11.4%
未成年子・高齢者無し世帯（94/153）	20.9%	11.1%	25.5%	9.8%
非高齢単身女性（18/31）	12.9%	9.7%	38.7%	16.1%
非高齢単身男性（22/42）	11.9%	7.1%	23.8%	2.4%
非高齢その他（54/80）	28.8%	13.8%	21.3%	11.3%
不明（0/4）	0.0%	0.0%	0.0%	0.0%
全体（355/582）	17.5%	13.9%	25.3%	10.3%

*（　）内の／の右側は調査票調査回答者全体の数、左側は自由回答への記述者数。
*パーセンテージは調査票調査の有効回答数（それぞれ／の右側の数に対する割合。

表3　世帯類型別割合（2015年、n=251）

	経済	居住環境	居住地	健康
有子世帯（21/49）	18.4%	6.1%	18.4%	6.1%
母子（2/8）	12.5%	0.0%	12.5%	0.0%
その他有子（19/41）	19.5%	7.3%	19.5%	7.3%
高齢者世帯（92/154）	20.1%	9.1%	16.2%	13.0%
高齢単身女性（18/26）	23.1%	3.8%	23.1%	26.9%
高齢単身男性（7/14）	14.3%	21.4%	14.3%	7.1%
高齢夫婦（35/58）	17.2%	8.6%	13.8%	10.3%
高齢その他（32/56）	23.2%	8.9%	16.1%	10.7%
未成年子・高齢者無し世帯（21/48）	22.9%	2.1%	14.6%	8.3%
非高齢単身女性（4/11）	18.2%	0.0%	18.2%	0.0%
非高齢単身男性（5/13）	15.4%	0.0%	7.7%	0.0%
非高齢その他（12/24）	29.2%	4.2%	16.7%	16.7%
全体（134/251）	20.3%	7.2%	16.3%	10.8%

*（　）内の／の右側は調査票調査回答者全体の数、左側は自由回答への記述者数。
*パーセンテージは調査票調査の有効回答数（それぞれ／の右側の数に対する割合。

とえば、「部屋がせまく、トイレとバスが一緒のため不便。子供のこれからの健康。子供の健診の時に、今の家は子育てには不向きと言われ市役所に相談したが相手にされず、毎日市営住宅や県営住宅に申し込んでいるが当たらず、民間のアパートも手当り次第さがしているが、どこも空いていないため、泣く泣く今の借り上げに住んでいる」（二〇一三年、その他有子）といった子育て環境の悪さについての記述や、「三人で3DKに住んでいます。生活空間が狭い。プライベートな時間（場所）が持てない。人間関係（親子・夫婦）が最悪の状態になった」（二〇一三年、高齢その他）という居住環境の悪さが家族関係の悪さにつながっていることを述べる記述があった。

二〇一五年追跡調査では、居住環境への言及割合が大きく減った。調査の二時点間の変化を含めた住まいに関する全体の傾向として、災害公営住宅の入居の見通しがようやくつき始めた二〇一三年時点で、仮設住宅の環境に関する悩みの割合が高く、その一年後には、多くの人の関心は、現在の住まいの環境よりも、将来を含めた恒久的な住まいや生活の問題へと集中していったことがうかがわれる[5]。

二〇一三年調査で、住まいに関するラベルに次いで多かったのは、一〇二（一七・五％）付いた〝経済〟であった。このラベルは生活費や家賃、住まいにかかる費用などへの言及を中心に、世帯の経済的状況に関して悩んでいた記述に付与した。一年少し後の二〇一五年調査ではこのラベルが五一（二〇・五％）とラベルの中で最も多くなっていた。回答者の世帯類型別割合で見た際に、高齢者層の記述割合が増えたことが一つの要因として考えられるが、震災後の一般的な局面として、借り上げ・仮設住宅住まいから公営住宅・賃貸への移動や、住居の再建・新築への見通しが出てきた中、あるいは実際に移動・再建・新築していく中で、種々の費用がかかり、経済問題として悩みが表現されるようになってきたこともうかがわれる[6]。

以上の居住と経済は、記述量の多さから見ると、今回自由記述を書いてくれた人たちの悩みの中心トピックであり、二つは密接に関わりながら、悩みの中核を構成しているようである。そのため、次節では、この二つのトピックを中心に、悩みの中身や全体としての変遷をより詳細に見ていく。なお、この二つに焦点を当てるのは、記述が多いから重要だと判断した面もあるが、記述が多いのでデータとして分析しやすいという理由からでもある。

●健康状態

言及していた人の割合で言うと、〝健康〟に関する悩みも二〇一三年で六〇（一〇・三％）、二〇一五年で二七（一〇・八％）とそれなりに多かった。ここでの健康ラベルは、精神的な健康状態への言及にも付けていったが、特に医療とかかわらない漠然とした不安や無気力は、〝無為無気力・不安〟という別のラベルを付けた。この二つを合わせると割合はもう少し増える（いずれの年も合計一四％程度）。また、自分以外の家族・親族などの他者の世話に言及している〝介護〟ラベルの数・割合はいずれの年もそれほど高くないが、高齢世帯の回答割合が全体的に増えた二〇一五年には若干言及割合が増えている。

健康に関して、どのような人たちが言及していたのかを細かく見ていくと、予想できるように、高齢者のいる世帯において言及率が高く（二〇一三年三六ケース、二〇一五年二〇ケース）、二〇一三年には高齢夫婦、二〇一五年には高齢単身女性の言及率が高かった。また、二〇一三年は、非高齢単身女性の言及率も若干高い。全体的な傾向としては二〇一三年においては、一般的に病気も増えてくる高齢者層での言及率が若干高い程度で、世帯類型による違いはそれ程目立たなかったが、二〇一五年においては、高齢単身女性による記述の多さに現れているように、単身の人による回答が目立っていた。

記述の内容を例示すると、高齢夫婦世帯においては、「震災前より身体（夫：パーキンソン病）の調子はよくなかったが、震災後、二部屋（夫婦）のせまいアパートに住んでいたせいか（一年間）夫の体の調子が悪くなり、現在、週四回位、デイケアに通院してますが、家にいるときは車いすで私が介護してます。今のところ、がんばって過ごしています」（二〇一三年、高齢夫婦）というように、世帯でのもう一人の健康状態の悪化について書かれているケースがある。また、「現在二人共病院通い（本人）は半年入院、やっと八月一二日退院し、リハビリに通院頑張っていますが、八〇才の高齢では。妻の私も足が不自由で杖つきですが、男であってみれば、可哀想な思いです」（二〇一三年、高齢夫婦）とあるように、両者ともに健康問題を抱えているケースもあった。

他方、単身女性による健康への言及の内容としては、寄る辺なさと関連した不安や、孤立と関連した健康や精神状態の悪化に関する記述などが見られた。たとえば、下記のような記述である。

震災により津波、自身、火事ですべて焼けて何もなくなりました。体に何もなかったことは幸いでしたが、針一本、下着一枚からあらためて買わなければならない状況で、とても不安な日々を過ごしてきています。今も夜は眠れず医者に通っています。今後被災者向け市営住宅を希望していますが、元がいわき市のAでしたがBを希望しています。その市営には希望者が多いらしく、入れるかどうか不安です。（二〇一三年、非高齢単身女性）。

常に不安感あり。将来の生活・健康について（住居も含めて）。震災後、健康状態が悪化。震災後、閉じこもりがちになったと思う。何をするにも面倒くさく思える。上記を含めて先が見えないのが何より不安を感じ生きる意義が感じられない。借上げ住宅に住んでいると情報がなかなか得られない。（二〇一三年、高齢単身女性）

また、「一人ですと引越しの時や市にもろもろの手続、何事も自分で処理をして次のステップへ向かいたいのですが疲れや、病院の通院、環境の変化からくる心の不安定又これから先の移住や引越しも大変です。年金生活者ですしこれからが心配ですし考えると体のバランスをくずし体調にも負担がきます」（二〇一三年、高齢単身女性）というように、被災後に一人で色々な手続きをするということが、健康状態の悪化につながると捉えている記述も見られた。このように、記述の中身を見ていくと単身であることと健康問題の関連についても見えてくる。

（3）その他のラベル——人間関係と原発に伴う地域問題

以上で見てきたものは、量的に記述の多いトピックであったが、他にも悩みのバリエーションとして、いくつかのラベルがある。これらは言及率こそ低いが人々の悩みのバリエーションを示し、悩みの中核である住まいや経済の問題との関係や影響を示すものとしても重要である。

まず、人間関係に関するラベルとして、〝家族関係〟と〝孤立・近隣関係〟の二つがある。二つを合わせると二〇一三年で一〇・一％、二〇一五年追跡調査で八・四％記述があった。家族関係について、二〇一三年調査では、被災後の居住条件の変化に伴う問題が目立ち、居住空間の限定によって家族間が密接になることでの関係悪化と、家族員同士が離れること（死別、離別、分かれての生活）の問題などが言及されていた。また、経済的負担増による関係悪化や居住地の選択の際の意見の対立など、悩みの中心トピックとの関連も見られた。二〇一五年追跡調査では、震災後の体調悪化や加齢、心身の不安定さと関連した家族関係に関する記述が目立った。孤立・近隣関係については、二〇一三年には仮設住宅での生活に伴う地域や情報からの孤立という内容（特に借り上げ仮設であるため見えづらいことの指摘があった）と、近所との軋轢などが言及されていた。二〇一五年追跡調査では、災害公営住宅に移ったことに伴う地域との関係などについての記述が目立った。

前節で触れたように、いわき市の特徴は、福島第一原発の事故の避難地域への隣接と、避難者たちの流入[7]、地域イメージの変化など、原発事故との密接なかかわりである。自由記述の中には、放射線や原発に関する懸念への言及があり、それに〝原発・放射線〟というラベルをつけた。また、避難地域からの避難者たちが市内の仮設住宅などに多く居住していることによる市内への影響について言及する記述も多く、特に、いわき市民の現状に対する、行政やいわき市以外の人々（マスメディア等）のまなざしに対する間違いの指摘や、正しい理解をとなえる記述、伝えて欲しいという記述などが目立った。また、原発避難者と比べてのいわき市民の津波被災者への悪状況の訴えや、少ないがその逆の記述も見られた。それらの内容のものに〝無理解〟というラベルをつけると、その数は二〇一三年に四〇（六・九％）、二〇一五年に二二（八・八％）あった。

5　記述率の高い悩みの内実はどうなっているのか？

自由記述全体の中での傾向やバリエーションを見た4節では〝経済〟や〝居住地〟といったふうに、同じ内容の記述を括ってラベルを付けて主にその数を基準として把握してきた。しかし、それぞれの記述の内容をより細かく見ていくと、もちろん、同じラベルでも記述の中身は一様ではなく違いがある。そこで、本節では、データ全体の一部に焦点を当てるに過ぎないが、以下の二つの作業を通じて、さらに悩みのバリエーションを確認し、そのバリエーションの背景に何があるのかを分析していきたい。

一つ目の作業として、あるラベルを付与した記述中の質的な差異を見ていく。具体的には、二〇一三年で二番目、二〇一五年において最も多かった〝経済〟ラベルをとりあげ、それらのラベルがついた記述の中の内容のバリエーションを元の記述に立ち戻ってあらためて整理し、必要に応じて、そのバリエーションの違いの背景を調査票調査での何らかの類型に関する変数と関連させながら見ていく。

もう一つの作業として、調査票調査の選択肢の回答から作成された回答者の実態を示す変数とラベルの記述率の関連を見ていく。具体的には、震災以前の居住状態（持ち家、賃貸など）、被災の程度（全壊、半壊）、二〇一五年時点の居住状態（借り上げ仮設、賃貸、持ち家など）、二調査の間の収入の増減（増加、変化なし、減少）などのそれぞれの変数と、多くの人が記述していた経済、居住地、居住環境、健康の四つの悩みの記述率との関係を見ていく。ただし、この作業は単純に関連があるかないかを見るだけが目的ではない。たとえば、二〇一五年追跡調査で収入が減少している層の人たちの〝経済〟ラベルの記述率を、収入増加層や変化なし層と比較して確認する作業をしつつ、それに加えて、ある層の人たちと他の層の人たちとの間での記述率の違いの背景を自由記述の内容に戻って確認する作業も組み合わせて分析を進めていくことになる。

（1）経済ラベルの中身のバリエーション

まず、記述数が多く、その中の違いも見やすく、二〇一五年にかけての変化も見やすい〝経済〟ラベルを軸にラベルの中の記述のバリエーションを見ていこう。二〇一三年調査の〝経済〟ラベルの付いた自由記述の内容を整理して見ていくと、仕事や年金などに関わる収入の不安、子どもの教育費などの支出への不安、また現在の生活費不足や医療費負担などの記述があったが、半数以上の人が住宅にかかる費用との関連で悩みを記述していた。また、二〇一三年調査では経済の悩み一〇二の内の四九が居住に関するラベルのどちらかと重なっていることから、二つの悩みは同時にあるいは関連し合って言及されやすいようだ。住宅に関する費用の中身は、大きく、①借り上げ仮設住宅から災害公営住宅への移行に伴う費用負担（主には家賃負担）の問題と（二〇一三年に二二ケース）、②持ち家取得あるいはそれまでの持ち家・土地と関わる負担や資金不足の問題の二つに分けられる（二〇一三年に二九ケース）。

①に関して更に細かく見てみると、借り上げ仮設住宅の家賃補助打ち切りへの不安（次の住宅が決まるまでの間の不安）、公営住宅に入居できずに民間賃貸で負担が大きいことへの不安、以前の住まいが半壊で残っているため公営住宅への入居資格なしのための費用負担の不満など、公営住宅への入居への見通しが立っていないことや、そこから漏れることに起因する経済的負担への不安がまず見られた。しかし、注意すべきは、災害公営住宅入居そのものへの不安が見られることだった。それはたとえば下記のような記述である。

私は年金をもらえるようになったら自分の好きなことをして老後を夫と二人で楽しもうと計画していました。震災ですべて奪われてしまいました。復興住宅を申し込んでいますが復興住宅に入るのには家賃がかかります（年金も収入にプラスされます）。この分ローンに回せたらと考えていますが家が建てられるまで今の仮設にはいられないということです（市に尋ねたが駄目でした）。復興住宅はカーテン、エアコン、電気全てありません。自分で準備しなければなりません（二〇一三年、非高齢その他）。

災害公営住宅に入居できるのであれば、早く入居したいのですが母子家庭で収入も少なく親が残した借金を払いながらの生活なので、今度は家賃もかかってしまうので、生活が今以上に苦しくなると思うと不安だらけである。生きているのも疲れてきた（二〇一三年、母子）。

これらの記述からうかがえるのは、費用そのものというよりも、住まいに家賃を払い続ける生活スタイル自体への不安である。その背景には、震災以前、多くの人が持ち家での生活であったことや（震災前の居住状況は、持ち家四二一で賃貸が一三五であった）、被災などに伴う支出増や収入減があるだろう。ここからは、災害公営住宅が住居と深く関連した経済的な問題に対する解決である一方で、家賃の発生によって、これまでの生活費支出に比しての多大な支出が予期されて、不安の源泉ともなり得ることが見て取れる。さらに、母子世帯や高齢期になって年金を収入の中心としていく世帯にとっては、その不安は更に強いものであろう。

この点について、実際に借り上げ・仮設から賃貸や持ち家に移っていく人が多くなっていった二〇一五年調査時点での住居が借り上げ・仮設か賃貸か持ち家かで〝居住地〟ラベル（この先の落ち着き所に関する不安）の付く記述をした人の割合の違いがあるかどうかを見たところ（表4）、借り上げ・仮設の層は二〇％以上が居住地ラベルの付く記述をしている。しかし、注目すべきは「恒久的な」住宅に移った層全体ではなく、持ち家層における言及割合の小ささ（一・五％）である。賃貸に移った層では、居住地に関する悩みや不安を抱える人たちの割合は借り上げ・仮設とそこまで大きく変わっていない（一七・六％）。ここからも、賃貸という形での住まい方は、居住地に関する不安や悩みを残していることが推測される。

表4　居住状況（2015年時点）別の4ラベルの記述割合（2015年調査）n=246

	経済	居住環境	居住地	健康
借り上げと仮設（110/51.8%）	17.3%	10.9%	22.7%	9.1%
賃貸（公営、民間）（68/54.4%）	23.5%	4.4%	17.6%	10.3%
持ち家（68/ 51.5%）	20.6%	2.9%	1.5%	13.2%

＊（　）内は順に回答者全体の数（自由記述未回答者含む）、自由記述回答者割合

表5　被災前持ち家世帯（2015年追跡調査への回答者）の
2015年調査時点居住状況別の4ラベルの記述割合 n=186

	経済	居住環境	居住地	健康
持ち家→借り上げと仮設（73/53.4%）	13.7%	26.0%	13.7%	9.6%
持ち家→賃貸（公営、民間）（52/59.6%）	21.2%	5.8%	21.2%	13.5%
持ち家→持ち家（61/52.5%）	21.3%	3.3%	1.6%	13.1%

＊（　）内は順に回答者全体の数（自由記述未回答者含む）、自由記述回答者割合

ただし、注意すべき点は、この賃貸生活への不安は、震災前の居住状況との「落差」を示している可能性である。震災前に持ち家だった層に限定して、同様の割合を見てみた場合、二〇一五年時点で賃貸に移行していた人たちの層で〝居住地〟ラベルの割合が借り上げ・仮設層より高くなっている（表5）。賃貸生活への不安は全体の傾向としてあるわけだが、その不安の中には持ち家生活を準拠点とした際の相対的な不安と、より支出が厳しい層の不安が含まれている可能性があるだろう[8]。

さらに個々の記述を見ていくと、家賃負担の大きさ（への不安）が、残されている自宅へ戻る決断や、自宅の建設か否かへの迷いへとつながっているケースも見られた。

原発のせいで家族がバラバラになり、そろそろ親の病気も悪化してきたので来年には帰ります。毎日子供達をみて、不安と戦いながら生き

ています。今年新たに命を授かりました。県民健康調査から外れると言われ、三才になるまで離れた方がいいのか悩んでます。双葉の方は借り上げ延長が二七年三月までですが、私達は二六年三月です。家賃の出費は痛いので、戻らなきゃいけません。あの事件がなかったら家族がバラバラになる事も子供達の幼稚園も途中で変える事もなかったのに。いわき市に訴えてもいわき市からは何も出来ませんと門前払いなので、皆さん、私達の今を知って広めて下さい。県が行っている甲状腺検査も信じていいのか分かりません。（二〇一三年、その他有子）

現在六五歳。元の場所近くでの自宅再建を考えているが資金はぎりぎりの状態。地元は平場を土盛しての区画整理と高台整地が計画されているがあと五～一〇年はかかりそう。災害公営住宅建設中だが入居開始にはもう一年以上はかかりそう。家賃は若干安くなるとは言っているが私の場合で三～四万円くらいか？未だ確定しない。震災前、家賃生活は経験がないので新居を建てるまでの家賃で消えてしまう数百万円が無駄になってしまう思いが強いのです。家を再建できるようになるまでの期間だけでも家賃低減を出来ないのでしょうか？（二〇一三年、高齢その他）

以上の①借り上げ仮設住宅から災害公営住宅への移行に伴う費用負担（主には家賃負担）の問題に対して、②の持ち家取得に関わる費用負担に関する悩みについては、これから自宅を再建する際の資金不足や、住宅ローン負担や住宅ローンを組めるかどうかという点に関する不安と、もともと所持していた住宅のローンの支払いの負担（二重ローンの問題も含む）に関する記述があった。二〇一三年の自由記述では、以前自宅のあった土地の換地などへの言及も含めて、上記の①の内容よりも、②のローンの負担や持ち家取得のための資金の問題への言及の方が多かった。他方で、二〇一五年追跡調査では、経済の悩みの中で災害公営住宅の家賃支払いの問題や、その背景にある収入の減少などへの言及の方が若干多くなっていた。

以上で見てきたように、経済の悩みに関する記述の中で多く見られるのは、住宅に関する費用負担の問題だが、持ち家取得が望める人か、災害公営住宅などでの賃貸生活を前提とする人かで、その悩みの内容は異なっている。また、後者においては、災害公営住宅への入居の難しさなどに伴う経済的負担への心配はわかりやすい悩みであるが、より見えにくい悩みとして、家賃を支払う賃貸住宅での生活スタイルに移行していくことそのものへの不安の存在に特に注目が必要であろう。その前提には、平常時の、この地域における持ち家を基準とした住まいのあり方があるのではないだろうか。また、経済の悩みを示している数から言うと、持ち家を前提にローンの返済などを考えている人や、実際に持ち家を取得した人の悩みの方が、特に二〇一三年調査においては、記述全体の中で、より多く現れていたとも言える。

(2) 実態と悩みの表出との関連

レベッカ・ソルニットは、大規模な「災害後」に、被災者同士の連帯感やモラルが高まり理想的なコミュニティが現れる「災害ユートピア」の現出を指摘している(Solnit, 2009=2010)。このコミュニティは災害から時間が経っていくと、人々の間の差異の拡大により徐々に解体されていくともされる。このような現象に引き付けて考えると、災後直後ほど、人々の状況には類似点があり、悩みや困難として抱える経験の差異は相対的に少なく、被災後から年数を経るにしたがって被災者の間に差異が目立つようになってくることが想定できる。二回の調査に準拠して考えると、震災から二年半後だった二〇一三年調査時点での調査対象者の多くは、主に借り上げアパート形式の仮設住宅で生活する人たちだった。その時期は、被災直後の避難所生活時点よりは被災前の差異が現れてくる時期とも考えられるだろうし、他方で、借り上げ仮設住宅で生活しているという意味では、恒久住宅に移っていく人が増えていく時期（二〇一四年後半以降）よりも共通の状況だったとも言える。自由記述に付与したラベルの数で見てみると、二〇一三年調査では四分の一の世帯が〝居住地〟ラベルの付く記述をしており、少なくとも、住宅の再建が多くの人にとって共通の関心事であったことが見て取れる。

2節で見たように、二〇一三年に対して追跡調査の調査時期であった二〇一四年の後半から二〇一五年頭にかけては、仮設住宅から次の住宅へと移っていく人たちが出てきた時期である。また、いわき市に原発避難地区から避難してきた人たちも、震災後二年三年と経過していく中で、市内での長期的な生活者となっていき、震災後の時間の経過の中で住宅を取得する者たちも出てくる。こうした中で、同じいわき市にいたとしても、時間的な差異、被災地域・内容の違いによる差異などの状況のバラつきが出てくる（より目に見えるようになってくる）ことで、悩みや困難の表出にも、その時点の状況に応じたバラつきが出てくるのではないだろうか。以上のような想定は、実際のデータから支持されるだろうか。限定されたデータではあるが、二〇一三年、二〇一五年それぞれの調査時点で得られる変数を用いる範囲で確認してみよう。

まず、二〇一三年調査における被災前の住宅や被災の程度と、それぞれの悩みへの言及の割合には関係が見られそうであろうか。表6は被災の程度（全壊か半壊か）で層を分けた場合に各ラベルの記述率の差

表6　住宅被災程度別の4ラベル記述率（2013年）n=552

	経済	居住環境	居住地	健康
全壊（431/60.3%）	19.0%	13.7%	24.8%	10.2%
半壊（121/63.6%）	14.0%	11.6%	27.3%	9.1%

＊（　）内は順に回答者全体の数（自由記述未回答者含む）、自由記述回答者割合

表7　被災前住宅状況別の4ラベル記述率（2013年）n=556

	経済	居住環境	居住地	健康
賃貸（135/48.9%）	14.8%	12.6%	19.3%	7.4%
持ち家（421/65.6%）	19.0%	14.3%	27.1%	10.7%

＊（　）内は順に回答者全体の数（自由記述未回答者含む）、自由記述回答者割合

表8　収入増減（2013-15）層別の4ラベル記述率（2015年）n=117

	経済	居住環境	居住地	健康
増加（43/55.8%）	22.1%	5.2%	15.6%	14.3%
変化なし（47/57.3%）	23.2%	9.8%	15.9%	11.0%
減少（27/50.9%）	15.1%	7.5%	17.0%	7.5%

＊（　）内は順に回答者全体の数（自由記述未回答者含む）、自由記述回答者割合

があるかどうかを見たものである。被災の程度を反映する形で全壊の層の方が経済や居住環境について若干記述している人の割合が高い。しかし、居住地に関する不安については、半壊世帯の層の方の記述割合が高くなっている。

表7は被災前の住居の類型別にそれぞれのラベルの回答率を見たものである。賃貸と持ち家との間で、特に大きな違いがあるのは、居住地ラベルへの言及である。この時期、ほとんどの人が借り上げ仮設住宅に居住していたため、もともと持ち家だった人にとっては、賃貸で生活していた人に比べて、生活の変化が大きかったと思われる。いずれのラベルにおいても記述割合が賃貸の人より高く、以前の生活を基準に現在の状況を評価すると考えると、悩みや不満が多く表出されたと解釈することもできるだろう。自由記述の回答率

の高さも、持ち家層の多くが何らかの悩みや不満を記述したことを示している。今回の対象者の人たちの避難所生活時点でのデータがないため、推測に過ぎないが、避難所生活時点における悩みの表出に比して、以前の居住状況に応じた居住状況の評価の差異が出始めていたことが推測される。

二〇一五年調査では二〇一三年からの収入の変化や、その時点での住居形態を見ることができる。そこでは、収入減少群や、借り上げ・仮設に居住している人たちの方が、経済の悩みの記述率が低い（表8、表4）。すなわち、持ち家や賃貸住宅に移ることができた層の方が経済的な悩みに言及し、特に、持ち家の層で言及率が高くなっている。本節（1）で言及したが、住まいにかかる支出や費用が経済的な悩みにおいて大きな比重を占めている。住居形態との関連で言うと、借り上げ・仮設住宅への居住の方が、家賃がかからないため、経済の悩みに触れた人の割合が低くなっていることが想定できる。ただし、（1）で見たように、数としては少なくとも、〝経済〟ラベルの中には、住まい関連以外の日常の経済的不安や悩みが存在している。おそらく、時間の経過の中で、借り上げ・仮設住宅に残っていく層にそれらの問題は集中しやすいと想定できる。また、やはり（1）で見たように借り上げ・仮設住宅層では、経済の悩みの中に、この先に公営住宅に入れるのかどうかという悩みや公営住宅に入って家賃生活となることへの不安などが示されている。それらの悩みが経済の悩みに含まれているとしたら、この層の記述している経済の悩みの中での日常の経済的問題に関する悩みや不満の記述の量は更に減るだろう。少なくとも今回の調査においては、復興の「程度」と関連させてみると、住居の面でより復興が遅れている人たち（借り上げ・仮設の居住者）の自由記述からは、日常の経済的問題が見えにくくなっている可能性があると言えるのではないだろうか。住宅の建設や賃貸支払いには多額の費用がかかり、それが経済の問題として特にこうした調査への記述という形で表現を求められるときには中心となる。そして、実際に住宅を取得したり、家賃支払いが現実になってきたような人たちの悩みが、当事者の声としては多く見えてきていたと考えることもできる。

また、同様に表8と二二一頁の表4からは、二〇一三年に比べて収入が増加している層や、持ち家に移った層の方が、〝健康〟に言及していて、逆に、収入が減少した層や借り上げ・仮設に居住する層の方が経済同様に健康についても言及する割合が低いことが見られる。持ち家に移った層や、収入が増加した層では、なぜ健康への言及の割合が高いのだろうか。大きな背景には、記述者の多くを高齢世帯が占めるということがあるだろう（二〇一五年調査では持ち家に移った世帯六八の内の四六が高齢者世帯だった）。ただし、個別の記述を見てみると、その他に、より安定した状態になることで、経済や居住に関する悩み以外のものにも関心を払えて、悩みとして表出しやすくなっていくという解釈もできるケースがある。たとえば、ある所得増の世帯が、「住宅が決まって安心してしまい体の力が抜けてしまって、疲れがいっぺんに出てしまいました。多くの人達に助けてもらい、やっと人並みに生活できるようになりました。本当にありがとうございます。ただ生活は中々大変です」（二〇一五年、高齢その他）と健康について言及している。

このことを逆に考えてみると、ここまでその多さを指摘してきた経済や居住における悩みが、今回のような調査票を前にした際に、重要なもの（記載すべきもの）として捉えられていて、その悩みの解消が、自らの身体に関わる健康問題よりも、優先して書かれている可能性を指摘することもできるだろう。

ただし、経済や住宅などの中核的な悩みの次に健康の悩みに目が向くと解釈できる事例もある一方で、持ち家層で健康について言及している人の中には、「震災で家を建てる時私達は二人とも高齢者でローンを使えずすっかり貯金を使いはたし年金は少なくなるばかり。大病したらと不安になります」（二〇一五年、高齢夫婦）と、健康であることが、持ち家を取得してそれを維持して生活していくことの条件になっているケースや、「借上住宅が打ち切りになれば家賃を払うのが大変なためとストレスで体重が減り体調も崩しました。そのために自分の所有土地（全壊）に家を建てた次第です」（二〇一五年、高齢単身女性）と、健康を損ねたことが、持ち家取得への理由付けとなった記述などもあり、一つの決定的な解釈を示すことはもちろん難しい。

6　おわりに

本章では、調査票調査の自由記述回答をデータとして被災者の悩みの傾向とバリエーションの把握を試みた。４節では自由記述における悩みの多様性をラベルを付けて概観しつつ、大まかな傾向として、経済や住まいに関する不満や悩みが多く示されていたことを見た。その上で第５節では経済ラベルの中での質的な内容の違いや、客観的状況による悩みの表出の違いについて、限られたデータの範囲ではあるが、分析を行った。そこから見えてきたのは、自由記述質問への回答というテキストが、被災後に収入が減少した人や、仮設住宅に居住し続けている人など、復興の時間からすると相対的に遅れている人たちからの不安や悩みを十分に反映していないかもしれない点である。たとえば、経済の悩みにも、日々の生活を送っていく上での不安のレベルから、住宅取得にかかる費用やローンの問題まで幅があるが、実際に記述として目立ちがちなのは、大きな金額で実際に住宅を取得していく人たち、あるいはそれが予期できる人たちなどの悩みだと考えることもできる。

以上を踏まえると、相対的に見えにくくなっていく悩みや不満の詳細を見ていくことが重要だと言えそうであり、本章や、本書における事例編や分析編でのインタビューデータの分析は、そうした作業を行っているとも言える。そのような詳細や多様性を見ていく作業は、公的なニーズ判断の中で見えにくくなっているものを明らかにする意味で、それ自体重要な作業である。

しかし、同時に重要なのは、多様な面を見るだけでなく、多様な中で、どういったニーズが現れやすいのか、あるいは私たちの枠組みから見えやすいのかを反省的に考え、それを踏まえて支援や政策のあり方を考えていくことである。本章での経済に関する悩みの質的な差異を見ていく分析からは、被災に対応した公営住宅の供給政策は、もちろん居住の支援であることは間違いないが、その政策によって提供される賃貸での住まいのあり方そのものが、一定の生活不安の対象となっていることなどが見えてきた。そこからは、たとえば、賃貸を前提とした住宅供給は、その費用の支払い可能性を含む生活支援とセットでなされることの必要性が指摘できるだろう。

また、二〇一五年の収入増減別や住宅状況別における健康の悩みの表出の割合の違いや、いくつかの記述例からは、あくまで仮説だが、潜在的には多くの人は抱えつつも、住宅や経済などが安定して初めて表出される悩みの存在可能性がうかがわれた[9]。そうした悩みは、復興に向けて中核となる支援の中では見えにくくなり、住宅や経済などの基礎的なニーズの充足の後、すなわち、「渦中」を過ぎた後に、現れてくる可能性がある。その「渦中」を過ぎて表出され気づかれるニーズが、過ぎてしまった後では回復が難しいものであることももちろんあるだろう。その意味で震災後四年を過ぎた時期の分析、および六年以上過ぎた時点での本章の分析そのものは、起こった被災と復興に対する直接的な意味を持つことは難しいかもしれない。しかし、本書における後からの「起こったこと」の記述と分析の意義は、将来の災害後などにおける、問題の表出されにくさと気づきにくさに対する感度をもたらすものだと言うこともできるのではないだろうか。

■註

1　調査の方法・手続きなどについては付録を参照。調査プロジェクト全体の中での実施時期や位置づけについては序章を参照。

2　以下の情報は、いわき市のホームページで閲覧できる「経過三八一【いわき市対策本部】（二〇一三年）九月四日午後五時発表」に基づいている。

3　ただし、実際に回収した調査票の中にはいわき市民以外の原発避難者による回答もあり、インタビュー調査の対象者にもそうした人たちがいる。

4　ラベルは必ずしも相互が独立ではないため、観点によって設定されるラベルも異なりうる。たとえば、二〇一三年調査後に作成した『いわき市内被災者生活状況調査報告（概要版）』では、住まい（現在の住居・復興住宅・今後の住居）、仕事、身体的・精神的不安、日常生活、行政の対応という分類で自由記述の整理をしている。またラベルの「重なり」も、自由記述欄に悩みが箇条書きで併記されているのか、何らかの関連を示した文章となっているのかで、その意味は異なってくる。具体的な内容分析においては、その点を考慮する必要がある（二三三頁のコラム参照）。

5　なお、〝居住環境〟とも関わる内容として、買い物や職場などへの交通手段に関する悩みが考えられ、〝移動〟ラベルを設けたが、いずれの年も回答率はそれほど高くなかった。

6 世帯の経済状況とも大きくかかわる〝仕事〟は両年ともに意外に割合が高くなかった。自由記述回答者中の高齢者層の割合の高さとの関連で推察されるのは、仕事をする／しないや、仕事の内容よりも、まずは生活費や住まいの費用に関することの方が懸念事項となっているのではないかということである。

7 「経過三八四【いわき市対策本部】（二〇一三年）九月二五日午後五時発表」東日本大震災の被害状況（二〇一三年九月二八日閲覧　http://www.city.iwaki.fukushima.jp/info/002661.html）によると、いわき市の人口三二万七九九三人（二〇一三年九月一日）に対して、いわき市内への避難者の流入は二万三五三五名（双葉郡八町村小計二万二七〇五名／南相馬市七六七名、田村市四一名／川俣町三名、飯舘村一九名）と一割弱にあたる数になる。

8 なお、二〇一五年追跡調査への回答者で震災前に賃貸であった世帯は五二あり、その内持ち家に移行した世帯は五世帯あったが、一世帯が健康に関する記述をしていただけであった。賃貸に移行した一六世帯では経済の悩みを五世帯が記載しており、居住地に関しては一世帯が記載しているだけであった。賃貸から賃貸への移行は「平行」の移動であるために、居住地に関する不安は記載されなかったことが想定される。

9 本調査のような研究機関によるニーズ調査において、対象者は住宅に関する政策や経済的な支援など、公的に訴えるべきものを優先して記述し、逆に健康問題などは自分で私的に解決すべき問題として捉えがちになることが想定されるだろう。もちろん長文で健康問題や家族問題などを切々と訴える記述も見受けられたが、ケース数といった量的観点から見た時、数としては少なくカウントされる。似田貝・村井（2015）の足湯ボランティアが被災者の「つぶやき」を聴いて記載したデータにおいて、「家族・親族、医療・健康・介護・福祉、震災・原発・被災体験」などのカテゴリーに属する内容が多かったこととは対照的である（清水 2015）。

■文献

樋口耕一 2014『社会調査のための計量テキスト分析――内容分析の継承と発展を目指して』ナカニシヤ出版

三井さよ 2015「いっとき傍らに立つ――つぶやきから見る被災者の苦闘と足湯ボランティアの意義」似田貝香門、村井雅清 編著『震災被災者と足湯ボランティア――「つぶやき」から自立へと向かうケアの試み』生活書院：144-170

似田貝香門、村井雅清 編著 2015『震災被災者と足湯ボランティア――「つぶやき」から自立へと向かうケアの試み』生活書院

Rebecca Solnit, 2009 *A Paradise Built in Hell: The Extraordinary Communities That Arise in Disaster,* Viking Adult.＝2010 高月園子訳『災害ユートピア――なぜそのとき特別な共同体が立ち上がるのか』亜紀書房

清水亮 2015「つぶやきの分類とその特徴」似田貝香門、村井雅清 編著『震災被災者と足湯ボランティア――「つぶやき」から自立へと向かうケアの試み』生活書院：118-143

コラム 5

個々の自由記述データをどう生かすか?

■はじめに

第9章では、自由記述データを、全体的な内容と差異や変化の傾向を一定程度数量化し単純化して把握するために、まずは、悩みの大まかな特徴を示すラベルをつけて分析していった。だが、一つのラベルの付いた自由記述の中身は、内容を精査していくとさらに分類をすることができる。また、複数のラベルが重なる事例からは、単独のラベル内容を見ているだけでは見えてこない悩みのあり様も見えてくるだろう。個々の回答者のそれぞれの生活の文脈における語りを簡単に分類することは難しく、本来は、その自由記述の背景をより深めて考察していくことも必要だろう。

もともと本調査研究プロジェクト全体における調査票調査の自由回答の記述の重みは、ほんのわずかなものであった。それだけで完結した分析を可能にするデータとして用いるよりも、中心的なデータ収集方法であったインタビュー調査の対象者の選定、調査項目の作成に生かすのが主であった。しかし、9章で示したように、自由記述の内容のみの範囲で、ある程度の整理・分析をしていくことも可能である。本コラムでは、自由記述を分析する際に指針とした考え方を示し、第9章を読み解く参考としたい。

■自由記述の何にどのように注目するか?

ある程度分類や計量的な整理をした後、自由回答の記述は、その内容に注目して一つ一つのケースを見ていく必要がある。しかし、任意性の高い自由記述の回答には、その記述量や内容にむらがある。個別の内容を見ようとしたときに、どのケースに注目するかは、一般的には、①文字数が多いこと(悩みについて背景や理由を細かく書いているもの)、②複数ラベルが重なっていることなどが指標となるだろう。おそらく私たちも無意識のうちにそうした回答に注目して読んでいると思われる。これは、複合的な生活問題を捉えようとしてきた本研究プロジェクトの主旨に照らしても妥当である。①と②を二つの指標とすると、以下のような組み合わせで、自由回答の各ケースのデータとしての性質を整理することができる。

まず個別分析のケースとして特に注目したい記述は、a「文字数が多く、複数のラベルが付いたもの」である。端的に言えば読んでいて興味を惹かれるデータであり、そうした事例から生活における複合的な困難のありようを読み取ることができる。これは、インタビュー調査を行うという関心ともつながるものであり、自由記述の中では、相対的にインタビュー調査で得られるデータと近い性格のものである。たとえば、以下のような記述である[1]。

現在、借り上げ住宅で生活しています。小学生の子供がいるのですが、学区外からの通学になっているので、毎日の送迎が大変です。（時間、ガソリン代等）他の小学校で学区外から通学の子供達は、ワンボックスカーやバスで通学している様子。市に相談したところ、借り上げ住宅はバラバラなので近くの同じ学校の親と協力してみては、との答え。そんな大きい車持ってないし、地域によって差があるのは不満。復興公営住宅が、まだ着工されていない。ので、転校させるべきか、わからない。教育委員会も、その辺の配慮が見られない。借上げ住宅は、地域になじめない面がある。しかも市内で津波被災で引っ越して来たのに、原発避難の人とまちがえられて、ゴミ出しのマナーが悪いと怒られる。説明したけど。市の生活支援相談員の方や、ボランティアの人も、めったに来ないので、忘れられた感がする。「被災者のつどい」に行っても、原発避難の人ばっかりで、津波の被災者ほとんどいなくて、東電の補償金の話ばっかりで嫌になる。その方達に、津波被災者はバカにされる。被災ビンボーと呼ばれる。「罹災証明」の全壊の人は、一律で同じ全額のお見舞金をいただいたり赤十字さんに家電もらったりしたけど、家が流されて何もない全壊流出の人と家の柱がまがった全壊の人と、同じ対応なのはおかしい。今でも、扱いは一緒。（二〇一三年、母子）

この記述には、9章で示した「居住環境」「移動」「孤立・近隣関係」「居住地」というラベルが付いた。

たとえばこうした事例からは移動の問題は居住地の見通しと関係していることや、地域での孤立の問題は、必ずしも「被災者のつどい」という同じ被災者同士が集まる場所で解消されるわけでもないことが見えてくる。もちろん、この記述のみだけでは事例の実態についての解釈が難しいのだが、こうした複合的な困難の記述に注目することで、次にインタビューをしていく対象選定の参考になったり、インタビューの際に注目するポイントを探る指針となったりする。

それに対して、b「文字数が多く、ラベル数が一つ」の記述は、ある特定のことを述べようとして回答者が書いたものであるため、あるラベルの悩みの内容や背景についてより深い情報を与えてくれる。ただし、そこで書かれていることそのものが、必ずしも全体の中で一般的なものや、「典型」であるわけではない。後述するcやdにあたるような記述も含めて複数のケースから一般化をした上で、その具体的な内容や印象的な特徴を例示するようなケースとなるだろう。たとえば、それぞれ「家族関係」「居住地」という一つのラベルのみ付いた以下のような長文の記述がある。

・家族関係

家族がばらばらになっていることがすごくつらいです。でも、私たちだけではないと思うとあまり口に出すのはできません。自分たちだけで解決しようとしましたが、結果的にできず、今に至っています。もう、震災が原因なのか家族の問題なのか正直わかりません。皆さん同じかもしれませんが、もう一度元に戻りたい。不可能かもしれませんけど。自分たちの力だけではどうにもなりません。甘いかと思われるかも分かりませんが、公的や自分のわかる範囲でどうにかできないかと相談しても、帰ってくる返事は「それは震災ではなく家族の事情」と…。そうかもしれませんが、少しの可能性にかけてみたいと希望があればと、でももう家族が同じ家に戻るのは無理に近いのかなと最近は感じます。どうかどうか、何万人の被災した人の分、悩み、困り事があるかと思います。このように伝えられる場を作ってくださってありがとうございます。(二〇一二年、非高齢その他)

・居住地

一日もはやく落ち着きたいです。高台移転する事には決まったのですが、早くライフラインを整備していただくこと、切に願います。高台に住む事になるのですが、道路の事を心配しています。現在、避難道路としても新しい便利な道路を皆で嘆願しております。復興予算を無駄に使わず、私達被災者に有効に使うことを心から願っております。被災者の都合ではなく行政の遅れで、消費税は上がるし、家を再建するには、材料費は上がるばかり、とても不安な日々を過ごしております。私達の仲間も亡くなった方もおります。私達は時間に限りがあります。震災から二年五ヶ月過ぎ、焦りと不安でストレスになっております。とにかく尚一そうのスピーディを願っております。（二〇一三年、高齢夫婦）

以上の記述を見るとわかるようにbタイプの記述は一つしかラベルが付いていないが、そこで起こっている悩みの背景には行政の対応など、悩みの遠因の指摘が出てくる。あらかじめこちらで設定したラベルの重なりはないのだが、こうした記述を読むことで、設定したラベルとは違う背景や問題の奥行きが見えてくることもあるだろう。そうした意味では、aとbとの違いは相対的なものだと言える。

自由記述の内容を重視した場合、以上で見たような文字数が多い記述に対して、文字数が少ないものにはあまり注目しないだろう。c「文字数が少なく、複数のラベルが付いているもの」は、箇条書きで複数のことが記されているものであり、d「文字数が少なく、ラベル数が一つ」のものは、今悩んでいるものを一つ端的に書いてくれたものである。

このcやdのタイプの回答は、あるラベルにおける一般的な悩みを端的に示すような単語や文であり、それらがいくつあるのか数を数えることに適合している。たとえば、9章で示したラベルは、主にはcやdにあたる記述を数えていくことで設定されたものである。また、文字数が多い記述の内、bも文章全体で一つのことを言っているので、数えることに馴染みやすい。しかしながら、それらに対して、aのような記述は、複合的な悩みが連関して現れている記述のため、どのラベルのところでとりあげてよいのかわかりにくく、記述の一部を切り取ると、その事例全体の特徴が失われてしまう。逆に言うと、記述の一部を切り取っ

表1　自由記述データの種別分類（2013）

データの類型	ラベル付けのしやすさ	例示としての使用	記述の内容分析	ケース数（2013年）※1
a. 文字数が多。複数のラベル	○ 文章を断片化して付与	○	◎	93 ※2
b. 文字数が多。ラベル数1	◎ 全体の内容に付与	◎	○	37
c. 文字数が少。複数のラベル	◎ 箇条書き的に一つ一つ付与	△	×	82 ※3
d. 文字数が少。ラベル数1	◎ 端的な記述に付与	△	×	143

※1　暫定的に平均文字数125を基準に文字数の多い少ないを判断

※2.　aの内訳はラベル2つが45、3つが31、4つが16、5つが1。

※3.　cの内訳はラベル2つが61、3つが18、4つが3。

たり、一つの観点から読むことで、ラベルを付けることが可能となっているとも言える。

以上のデータの性質に関する整理をまとめると、自由記述は、以下の二つのタイプの扱い方ができるだろう。一つは、主にcとdのデータを主に用いて、ラベル名を考えたり、ラベル毎に自由記述を整理したりすることである。その際に、各ラベルに対応するbのような分量のある記述がある場合は、それを、そのラベルにおける具体的な例示とすることができる。もう一つは、aに当たる複合的な悩みを示す記述の分析である。これはインタビュー調査のデータ同様に、複合的な困難の内実の事例となるだろう。本論で行なわれている分析は以上のようにデータの性質の違いに注目することからデータを整理し行なっていったのである

■註

1　文字数などの分析においては、若干の記述の揺れを直した程度のテキストをベースに分析したが、事例として抜粋する場合は、個人が特定される情報などを削除して掲載している。

資料1　いわき二〇一三調査と二〇一五追跡調査

田宮遊子

1　調査の概要

私たちは、インタビュー調査と並行して、被災した世帯の中長期的影響を把握するための量的調査も実施した。幸いなことに、福島県いわき市の協力を得ることができ、市内の応急仮設住宅に居住する全世帯を対象に調査を実施した。ただし、原発事故の被災者でいわき市外八町村から避難している者は調査の対象から除いた。

「いわき市内被災者生活状況調査」の第一回調査（以下「二〇一三調査」と略記）を二〇一三年に実施し、二〇一五年に追跡調査を実施した（以下、「二〇一五追跡調査」と略記）。

二〇一三調査の調査票は、二〇一三年八月から九月にかけて応急仮設住宅各戸の郵便受けに投函し、回答者が調査票に自記したものを郵送で回収した。二七〇〇票を配布し、同年一〇月までに五八三票が返送された。そのうち、有効回答数は五八二票であり、回収率、有効回答率ともに二一・六％であった。

二〇一五追跡調査は、二〇一三調査の回答者で引き続き調査協力に承諾した回答者に対して、郵送で調査票を配布した。二〇一五年一月中に郵送し、回答者が調査票に自記したものを郵送で回収した。四四一票配布し、同年二月までに二五一票を回収した。回収率ならびに有効回答率は五六・九％であった。

両調査ともに回答者には粗品（プリペイドカード五〇〇円分）を返送した。

両調査の質問項目は、回答世帯の罹災状況、世帯員の基本属性、震災前後の世帯構成・住居・仕事の変化、収入、育児・介護サービスの利用状況、障害の程度や介護の必要度についての選択肢で構成されている。調査票の最後に、現在の困りごとや悩みごとについての自由記述欄を設けたところ、自由記述欄への回答率は返送されたものの九割にのぼった。自由記述については、第9章で詳細な分析を行っている。

2 調査結果

(1) 被災の程度

まず、両調査の回答世帯の特徴をみていこう。被災の程度を罹災証明書の種類で分類すると（表1）、全壊世帯が両調査とも最も多く、八割近くを占めている。全壊世帯と大規模半壊世帯とをあわせると、九割以上を占める。これは、この調査の対象者が、震災で自宅に居住できず応急仮設住宅に入居している世帯を対象としているためである。

表1　2013 調査と 2015 追跡調査の回答者の概要

	2013 調査	2015 追跡調査
回答数	582 世帯	251 世帯
被災の程度（%）	（被災時）	（被災時）
全壊	75.9	80.1
大規模半壊	16.6	14.6
半壊・一部損傷	4.8	3.7
罹災証明無し	1.2	0.8
その他	1.6	0.8
回答世帯の特徴	（調査時）	（調査時）
世帯人数（平均）	2.4	2.5
18 歳未満の子どもがいる（%）	20.9	18.4
高齢者がいる（%）	55.5	60.8
世帯の収入	（調査前年）	（調査前年）
世帯収入（平均、年額、万円）	301	322
就労収入有（%）	52.0	62.4
住居の種類（%）	（被災時）	（調査時）
応急仮設住宅	-	44.2
災害公営住宅	-	21.3
公営住宅	2.1	-
民間賃貸	21.5	6.0
持家	73.7	27.3
その他	2.6	1.2

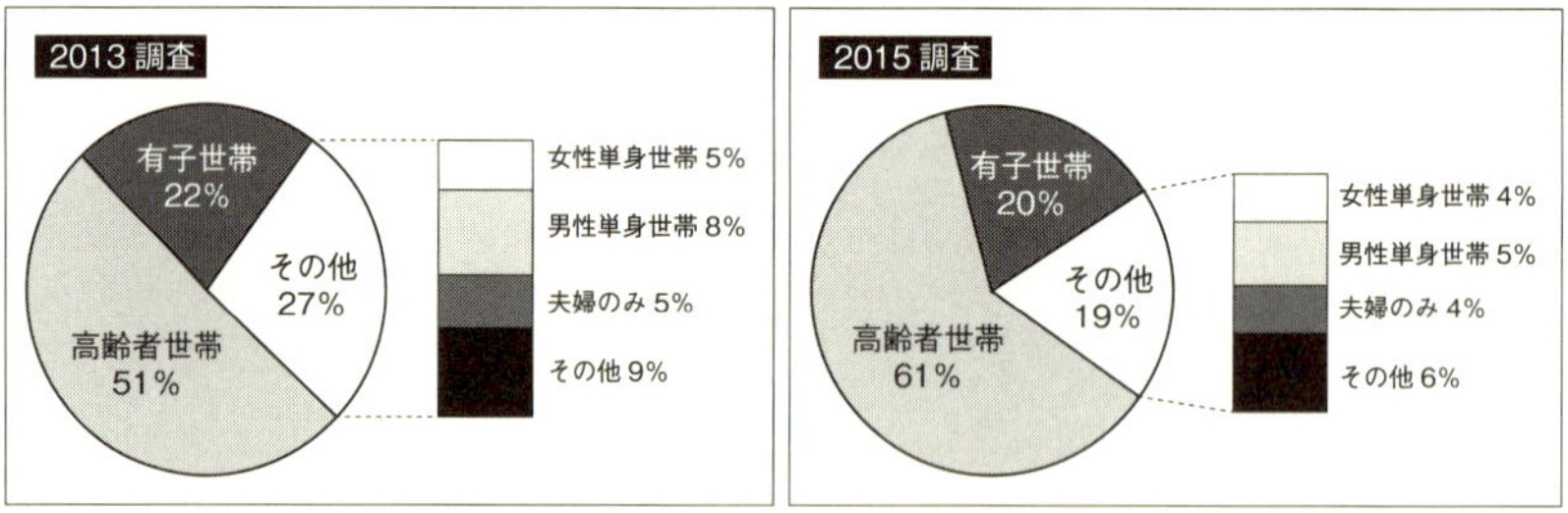

注：ここでの「高齢者世帯」には 18 歳未満の子どものいる世帯は含まれない。
「その他」世帯には、18 歳未満の子どものいる世帯、および、65 歳以上の者のいる世帯は含まれない。そのため、表 1 の「18 歳未満の子どもがいる」世帯の割合、および、「高齢者がいる」世帯の割合の数値とは一致しない。

図1　2013 調査と 2015 追跡調査回答者の世帯構成

（2）世帯構成の特徴

回答世帯のうち、六五歳以上の高齢者がいる世帯は両調査ともに約六割と過半数の世帯を占めている（表1）。一八歳未満の子どものいる世帯は両調査とも約二割となっている（表1）。高齢者も子どももいないその他の世帯では、単身世帯がその半分を占めている（図1）。

（3）世帯人員の変化

回答世帯の平均世帯人員をみると、被災時点（二〇一一年三月）で三・二人であったが、その後、二〇一三調査時点（二〇一三年八月または九月）では二・四人と減少し、二〇一五追跡調査（二〇一五年一月または二月）では二・五人となっている（表1）。被災時点から二〇一三調査の間の世帯人員の減少幅が大きいが、図2からは、震災前に四人世帯だった世帯の半数、五人世帯の七割近く、六人以上の世帯の七割超が震災後に世帯人員が減少しており、多人数世帯において被災を契機に世帯人員の減少が起きていたことがわかる。

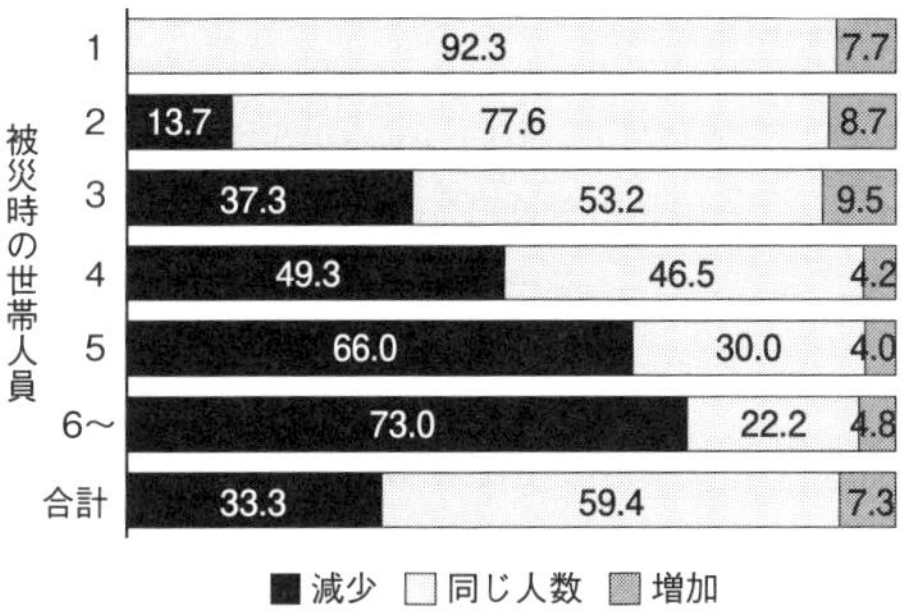

図2　被災時（2011年3月）と2013調査時点での世帯人員の変化（%）

（4）住居の変化

次に、回答者の住居の変化をみると、二〇一三調査時点

表２　被災時（2011 年３月）と 2015 追跡調査時点（2015 年１月または２月）での住居の変化（％）

被災時（2011 年３月）	2015 追跡調査時（2015 年１月または２月）					
	応急仮設	災害公営	民間賃貸	持家	その他	合計
持家（N=189）	38.6	22.2	5.3	32.3	1.6	100.0
民間賃貸（N=50）	58.0	22.0	10.0	10.0	0.0	100.0
その他（N=6）	100.0	0.0	0.0	0.0	0.0	100.0
合計	44.1	21.6	6.1	26.9	1.2	100.0

では回答者全員が応急仮設住宅に入居しているが、被災時点にさかのぼると、七四％の回答世帯が持家に居住していた（表１）。二〇一五追跡調査時点では、回答者の四四％が応急仮設住宅にとどまり、二七％は持家に、二一％は災害公営住宅に移り住んでいた（表１）。

震災前は回答者の大半が持家に住んでいたが、二〇一五追跡調査時点で持家を再建できた世帯は三二％とおよそ三分の一にとどまっていた（表２）。二二％が災害公営住宅に、五％が民間賃貸住宅に移っているが、三九％の世帯は応急仮設住宅に継続して入居している。震災前に民間賃貸住宅に居住していた者の五八％が応急仮設住宅に入居し続け、二二％が災害公営住宅に移っている（表２）。

なお、どのような世帯が持家を再建したのかについては、第８章で分析をしている。

表３　2013 調査と 2015 追跡調査時点での世帯収入の変化（％）

増加（N=77）	36.3
減少（N=53）	25.0
変化なし（N=82）	38.7
合計（N212）	100.0

注：世帯収入は調査の前年の金額

（５）世帯収入の変化

最後に、世帯収入の変化をみよう。二〇一二年と二〇一四年の世帯収入の平均額を比較すると（表１）、二〇一二年の三〇一万円から二〇一四年は三三二万円と増加している。就労収入がある世帯も五二％から六一％に上昇している（表1）。両調査間に所得が増加した世帯は三六％と回答世帯の三分の一強を占めていた（表3）。他方で二五％の世帯がこの間世帯収入が減少しており、三九％は変化がなかった。

なお、第8章では、世帯類型ごとの収入の変化についてさらに分析している。

資料2　いわき調査自由記述の基礎的集計

井口高志

1　自由記述の文字数・頻出語・言葉同士の関連

二回のいわき調査の主要部分は選択形式の設問だが、いずれの調査でも調査票の最後に「現在、困っていることや悩んでいることはありますか。ご自由にお書きください」という自由記述の設問が設けられている。調査票調査の主要部分は、現在の家族、住居、経済状況、仕事、介護、育児などの実態把握だが、この自由記述から、人々の意識や何を求めているのか、その時点でどういった悩みがあったのかを把握できる。

二〇一三年調査の自由記述回答数は三五五（有効回答票五八二中六一％）、記述の平均文字数は約一二五文字（中央値八五文字、最小値四文字、最大値七九〇文字）であった。二〇一五年追跡調査の自由記述回答数は一三四（二〇一五年有効回答票二五一中の約五三％、二〇一三年有効回答票五八二票中の二三％）、記述の平均文字数は約一二七文字（中央値七八字、最小値五文字、最大値一四四一字）であった。データ全体としては、一言だけの記述から長文で状況を書いてくれたものまで幅がある（二三三頁のコラム参照）。

(1) どのような言葉が書かれていたのか?

自由回答の記述にはどのような単語が登場し、何が書かれていたのか。ここでは概要把握の一端として、文章データを単語に分解した上で、その数や単語同士の関係性を見てデータの特徴を把握する方法[1]を用いて簡単に見てみよう(表1)。

二〇一三年と二〇一五年いずれも、住宅、住まいに関する言葉が圧倒的に多く登場している。二〇一三年調査では借り上げやアパートなどの言葉が多く、多くの人が入居している仮設住宅に関する話題が多いこと、復興、建てる、出来る、のようにこれから何かをすることを指す単語が見られた。他方、二〇一五年調査では記述量全体のボリュームが減り、原発、いわきなど、この地域のことについて言及する言葉が相対的に上位になった。また、高齢者層の記述の増加と関連して、二〇一三年には上位になかった年金という言葉が入ってきている。

(2) どういった言葉が同時に登場していたのか?

次に、どういった言葉同士が一つの自由記述の中で同時に登場しているのか(関連が強いのか)を共起ネットワークという方法を用いて見てみよう(図1、図2)。図中の円の大きさは言葉の登場頻度の多さを示し、線の太さはそれが結んでいる言葉同士の共起性(同時出現頻度)の強さを示している。いずれの調査でも住宅や生活を中心に言葉が集まり関連を持っているが、二〇一三年は特に住宅という言葉を中心としたネットワークになっているように思われる。ただし、ケース数の違いから、全体の記述量自体が二〇一三年の方が多いため、住宅を中心とした言葉のネッ

表１　各年度調査の出現頻度の高い 30 単語（ケース毎出現回数）

2013 年		2015 年	
100 以上	住宅（142）、生活（102）	50 以上	住宅（76）、生活（63）
50 以上 100 未満	現在、住む、家、思う、不安、震災、今、早い、	30 以上 50 未満	思う、不安、家、今、原発、現在
40 以上 50 未満	借り上げ、原発、アパート、災害、入居、復興	20 以上 30 未満	震災、いわき、災害、住む、人、考える、入居、心配、公営、自分、年、年金、月
40 未満	前、公営、困る、心配、いわき、建てる、子供、津波、家賃、家族、考える、自分、出来る、仕事（31）	20 未満	土地、困る、津波、仕事、娘、家賃（16）、言う（16）、先（16）、大変（16）

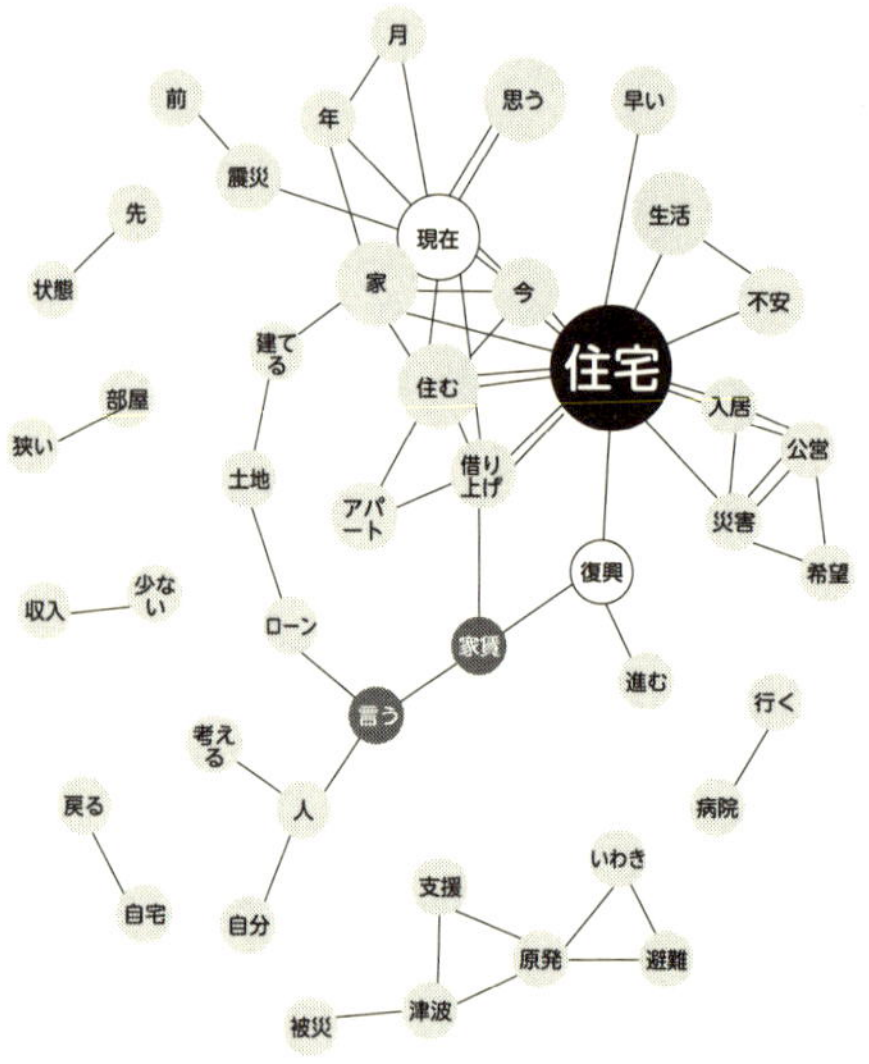

図１　2013 年調査の共起ネットワーク

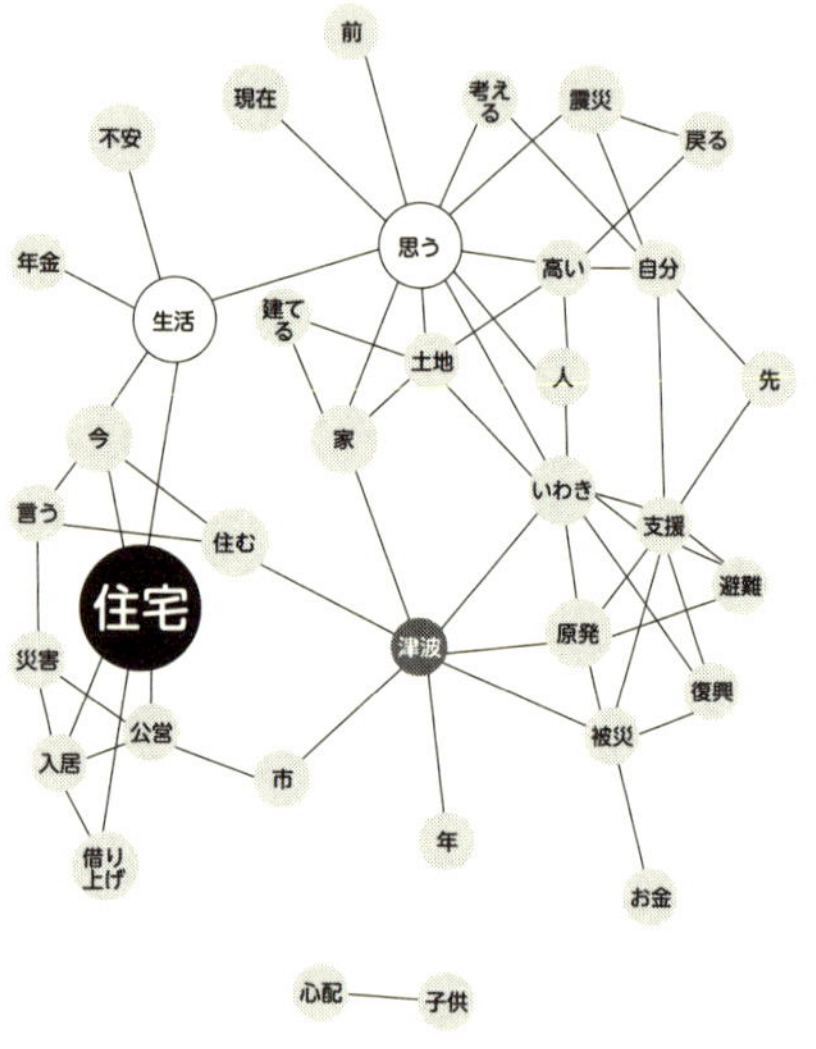

図２　2015 年調査の共起ネットワーク

トワークから独立したいくつかの言葉を中心としたネットワークが二〇一三年調査では見られる（いわきをめぐるいくつかの言葉など）。

2　世帯類型別の回答傾向

（1）世帯類型の設定

次に、調査票調査の分析の中心の変数である世帯類型ごと[2]の回答傾向について簡単に整理しておこう。世帯類型は表2のように有子（未成人の子がいる）世帯（A）と、それ以外に大きく分け、後者が未成年の子がおらず、六五歳以上の人が一人以上いる高齢者世帯（B）か未成年の子も六五歳以上の人もいない非高齢無子世帯（C）に大きく分けている。その上で、単身か否か、男性か女性かに注目して、高齢世帯、それ以外の世帯の中を分けている。この分類は、未成人の子の有無から分類を開始しているので、たとえば、六五歳以上の高齢者がいる世帯中の三世代同居世帯は2のその他有子世帯に、高齢

表2　9つの世帯類型

A. 有子世帯	1 母子
	2 その他有子
B. 高齢者世帯	3 高齢単身女性
	4 高齢単身男性
	5 高齢夫婦
	6 高齢その他
C. 非高齢無子世帯	7 非高齢単身女性
	8 非高齢単身男性
	9 非高齢その他

表3　単身世帯

D. 単身世帯	高齢単身	3 高齢単身女性
		4 高齢単身男性
	非高齢単身	7 非高齢単身女性
		8 非高齢単身男性

夫婦と未婚の成人子の同居世帯の場合は6の高齢その他世帯、六五歳未満の親と未婚の成人の子の同居の場合は9の非高齢その他世帯に入る。基本的には、この九つの分類が出発点だが、いくつかの類型をまとめて、未成人の子のいる世帯（A）かいない世帯（B、C）か、また、単身世帯（D）か否か、などの層に分けた整理も可能である。

（2）世帯類型別の回答量の差異

自由記述回答全体の世帯類型別の構成比は二〇一三年では高齢者世帯（表2のB）の割合が回答全体の五二・一%を占め、二〇一五年調査では、さらに高くなり六八・七%を占めていた。二〇一五年調査では、調査票調査回答世帯全体の世帯類型別の割合を見ても二〇一三年に比べて全体に占める高齢者世帯の割合が増えていた（六一・四%）が、自由記述の回答において、その傾向がさらに強くなっていたと言える。より細かい類型で見ると、いずれの年も、その他有子（二〇一三年、一八・三%、以下の世帯も同年の%）、高齢夫婦（一六・六%）、高齢その他世帯（二三・一%）の全体に占める比率が高く、この三類型で全体の六割以上を占めている。特に、二〇一五年では、高齢夫婦の自由記述回答世帯全体に占める割合が二〇一三年の一六・六%に対して二六・一%と高くなっており、四分の一の記述が高齢夫婦世帯によるものだった。また、二〇一五年においては、これに加えて高齢単身女性の占める割合も一三・四%と高くなっていた。

回答全体に占める類型別割合ではなく、それぞれの世帯類型の調査票調査への有効回答者を全体（分母）とした場合に、その内何割くらいの人たちが自由記述を記載したのかを見たのが表4

表４　世帯類型別回答数・回答率・回答平均文字数

カテゴリー	2013年			2015年		
	回答数	世帯類型中回答率	平均文字数	回答数	世帯類型中回答率	平均文字数
有子世帯	76（128）	59.4%	153.1	21（49）	42.9%	158.6
母子	11（20）	55.0%	156.4	2（8）	25.0%	210
その他有子	65（108）	60.2%	152.6	19（41）	46.3%	151.3
高齢者世帯	185（297）	62.3%	126	92（154）	59.7%	124
高齢単身女性	27（52）	51.9%	150.2	18（26）	69.2%	101
高齢単身男性	17（29）	58.6%	83.5	7（14）	50.0%	77
高齢夫婦	59（93）	63.4%	111.9	35（58）	60.3%	103.1
高齢その他	82（123）	66.7%	137	32（56）	57.1%	171
未成年子・高齢者無し世帯	94（153）	61.4%	102.2	21（48）	43.8%	114.8
非高齢単身女性	18（31）	58.1%	152.9	4（11）	36.4%	47
非高齢単身男性	22（42）	52.4%	77.2	5（13）	38.5%	156.6
非高齢その他	54（80）	67.5%	95.4	12（24）	50.0%	128
不明	0（4）	0%		0（0）		
単身世帯（参考）	84（154）	54.5%	118.2	34（64）	53%	94
高齢単身（参考）	44（81）	54.3%	124.5	25（40）	63%	94
非高齢単身（参考）	40（73）	54.8%	111.3	9（24）	38%	94
全体	355（582）	61.0%	125.5	134（251）	53.4%	127.2

＊（　）内は調査票調査全体の回答数

である。二〇一三年調査では、高齢その他世帯、非高齢その他世帯、高齢夫婦の順で回答率が高いのに比べて単身世帯や母子世帯の回答率が低い傾向にある。単身世帯のみでまとめてみると、五四・五％となっており、単身世帯の回答率はやはり低い。二〇一五年でも非高齢の単身世帯の回答率は変わらず低いが、前述したような、二〇一三年と比べて回答全体中で見たときの高齢者世帯の占める割合の高さと関連して、高齢単身女性の回答率が上がっている。

　世帯類型別の平均回答文字数を見ると、単身男性（高齢、非高齢）の記述文字数は少ない傾向があった。ただし、二〇一五年では、ケース数の少なさもあり、非高齢単身女性の回答平均文字数が特に少なく、非高齢単身男性の平均文字数が多くなっている。二〇一三年では、母子世帯は回答数一一だが、平均回答文字数一五六・四と平均以上になっていて、回答してくれた人は全体的にたくさん記述してくれたことが分かる[3]。母子世帯とその他有子世帯をまとめて有子世帯の平均文字数を見てみると、一五三・一で、子どものいる世帯は比較的多く書いてくれたようだ。二〇一五年も同じ傾向であるが、特にその他有子世帯の文字数が多い。また、二〇一五年調査では、高齢その他世帯の平均文字数が多く、回答全体の中での割合の高さおよび回答率の高さも合わせると、この層の人たちの回答のボリュームが増し、大きな割合を占めていると言える。

■註

1　ここでの作業は、計量テキスト分析用ソフトのKH Coderを用い、樋口（2014）を参考に行った。本作業は、そこから何か結論付けられるものではなく、あくまでも個々の自由記述を読み解いたり、インタビュー調査の語りの位置や意味を文脈付ける補助的なものである。

2　自由記述の回答の傾向は、現実の状況を反映していると想定するか、回答者の回答への意欲の想定を重視するかで、分析の際に考慮する変数が若干変わってくると思われる。具体的に言うと、回答者が含まれる世帯の属性で見る（回答者の記述が世帯状況の指標となっていると仮定する）のか、その記述を書いている回答者自身の属性で見る（回答者自身の志向を反映した記述と仮定する）のかで違いがあると思われるが、今回は前者の想定をとり世帯類型別に見ていく。つまり世帯の状況によって自由回答の記述に何らかの特徴が出てくるという前提を置いた上で、回答傾向を見ていく。なお、今回の調査においては、世帯表の最初に書かれている人が回答者でないケースも多いことが推測されるので、回答者自身の傾向として見ることが妥当ではない、という判断もある。

3　なお、二〇一三年調査では、母子世帯の他に、高齢単身女性、非高齢単身女性の平均文字数が比較的多いことから、女性が回答者である場合に記述が多くなっていることが推測された。

■文献

樋口耕一 2014『社会調査のための計量テキスト分析——内容分析の継承と発展を目指して』ナカニシヤ出版

おわりに

　あらためて原稿を読み返していると、お話を聞かせていただいた方々の顔が思い浮かんでくる。その日のことを語りながら涙ぐむ人がおり、かける言葉を失うこともあれば、あえて当時の状況を笑いに変えて話す人に、ぎこちない笑顔でこたえたこともあった。

　最初に聴きとりのために岩手県沿岸部を訪れたのは二〇一二年の夏だった。その時私は「もう一年半も経ってしまった」「もっと早く来なければならなかったのに」という思いをもっていたが、ふりかえってみれば、まだたった一年と半年が経過したばかりであった。

　訪れた場所のあちらこちらに、あるいはお会いした方々のお話や表情の端々に、震災で受けた傷がまだ深く色濃くあったことが、今ならわかる。笑い飛ばそうとしてもどうにも笑い飛ばせないでうずいてしまう痛み。

　聴きとりに応えてくださった方々の多くは、まずは淡々と「その日」のお話を聞かせてくださった。その日自分がどこにいたのか、親しい人はどこにいたのか、どのように行動し、どのように助けられたのか。その後、どのような場所で、どのような経験をしたのか……。それを伝えるのが自分の責務である、と思っているかのように。そしてそのあとようやく、「今の暮らし」

についてぽつりぽつりと話してくれるのだった。

それから五年ほどのあいだに私たちは何度も釜石やいわきに足を運んだ。仙台や盛岡までは感覚としては、比較的「近い」。しかしそこから沿岸部の都市までは、本数の少ない在来線か、あるいはレンタカーで山をいくつも超えての遠い道のりとなる。とくに一両あるいは二両の、乗客も多くはない在来線に一人乗りこむ時の心もとなさ、車窓から望む夜の深い闇には、なかなか慣れることができなかった。

一年を経過するごとに、「その日」の話は少なくなったが、震災の話が他ではしづらくなった、とぽつりと語った人がいた。また、二年め、三年めになって体調を崩したという人もいた。緊張していた身体がようやく緩んだのかもしれない、と。

聴きとりとは不思議な時間だ、といつも私は思うのだが、二時間から三時間を共に過ごしただけでも、とても濃密な時間を共有したような気分になる。それぞれが自分にとって唯一無二の――しかも今回は震災という、人生のなかでも大きな出来事についての――経験を語ってくれ、そして聞く側はそれを追体験するのだから、それはあたりまえのことなのかもしれない。

せいぜい一年に一、二回の訪問であったが、何度か訪問するうちに、なつかしい知人のところに出かけていくかのような気分になった。私たちの訪問を楽しみにしてくれ、自家製の野菜やお漬物などでもてなしてくれる方、折々に達筆な文字で葉書をくださる方もいた。調査という名目で訪れることを嫌がり「今度は飲みに行きましょう！」と言ってくださる方もいた。お言葉に甘えてお食事に誘ってみたこともあった。おすすめの地元のお店でいただいた旬のお魚の美味しさ、何気ない、しかし貴重な楽しい時間を過ごしたことも忘れられない。

さて、序論には、私達の研究の特徴は、繰り返し四人でお話を聴いたことである、と書かれている。それはそのとおりであり、この本を出版する計画を立てる前、学会発表などを行うときから、私たちは何度も、それぞれ書いたものについて意見を交わしてきた。その都度、お話をうかがったときの状況や空気感を思い出し、「彼はそんなつもりで言ったのではないのでは?」「その解釈は違うのでは?」といった議論を交わしてきた。できる限り四人で話を聞いたからこそできたことだったといえるだろう。

しかし、こうしてそれぞれの論文をあらためて読んでみると、四人の立場の違いは明確にみえてくる。田宮と岩永は公的支援に関心を有し、とくに田宮は本書では「平時からの社会保障」のあり方にこだわっている。岩永も、もちろんその充実は必要とするが、各人の「当たり前」の生活を保障するのに資する公的支援とは何なのか、生活保護の現在のあり方についての再検討も促している。

一方で土屋は、支援や制度のあり方に関心をもたないわけではないが、ある個人や家族の生活世界や意味世界といった方に関心があり、お話を聞いていても、その方の経験したことのリアリティや生活史に興味をひきずられがちであった。自由記述データの分析なども組み合わせた検討をしている井口も、まずは震災という出来事が、弱者といわれる人々にどのような影響を与えたのか、それにどのように対応していったのかといったあたりの関心から出発し、限られた事例やデータから、いかにして震災による微細な影響を見出し、視野を広げていけるのかを考察するような方向に向かっている。

　また岩永や田宮は、震災によって母子世帯や生活保護世帯がより苦しい生活を強いられたという当初の想定は裏切られたという見解を示している。むしろ、平常時から綱渡り的な生活を送っているシングルマザーは、限られた資源や時間をやりくりして、緊急時を乗り越えたり生活に折り合いを付けたりしていたという。もともと資産が少ない生活保護受給世帯の場合は、皮肉なことではあるが、震災前後の生活の落差が少ない（それがよいというわけではない）うえに、支援活動により資源がむしろ増加することもあるという見立てである。井口も同様に、今回話を聞いた単身高齢女性に関しては、震災後、大きな困難に陥っているようには見えないと述べている。ただし、震災のダメージに対応することで生じる微細な家族関係の変化や、その変化の将来への影響などに注目することを促している。

　それに対し、障害のある人がいる世帯を中心にみていた土屋は、利用していた福祉サービスの中断や原発事故や震災による介助者の不足などが、世帯に与えたダメージはやはり非常に大きいという印象をもった。また視覚障害をもつ人にとっては、それまで頭のなかにあった地図が震災によりいったん崩されたことや、慣れない地域への移動により生活全体にもたらされた困難も甚大であったように思われた。ただ、本書で指摘されているように、そもそもサービス供給自体が少なかった地域において、震災直後から一～二年後までの期間に限定すれば、他地域からやってきたボランティア団体等により、震災前よりも多くの支援を受けられていた例もあった。

本書のなかで、震災が弱者と呼ばれる人びとに与えた影響に関して、議論の濃淡があることは否定できない。また十分に議論できていない事がらも多い。その一つは、高齢でケアの必要な親がおり、自身はシングルマザーとして障害のある子どもを育てているといったような、複合的な困難を有する世帯のことである。さらに、震災後の生活の困難が語られる際、それが、震災により環境が変化したこと等の影響によるものなのか、あるいは以前から生じている問題の延長上にあるものなのかは、簡単には判断がつかないことも多かった。このあたりについては、さらに議論を積み重ねる必要があるだろう。読者からの忌憚のないご意見をいただければ幸いである。

質問紙調査実施に際して多大な協力をいただいたいわき市、いわき市社会福祉協議会、地域包括支援センターの方々、質問紙調査にお答えいただいたみなさまに感謝したい。また初期のヒアリングにお答えいただいた団体の方々にも合わせてお礼を申し上げる。

生活書院の髙橋淳さんには、まだ私たちが本のかたちもイメージできていない段階から細やかな相談にのっていただいた。二〇一七年夏の岩手県沿岸部への再訪は、髙橋さんのご協力なくしては実現しなかった。お礼を申し上げたい。

最後に、何度もお会いしてお話を聞かせてくださった方々にはもちろん、一度しかお会いできなかった方、残念ながら連絡がとれなくなってしまった方にも、この場を借りて深くお礼を申し上げたい。この間、お会いした方に限っても何人かが亡くなられた。短くはない時間が流れたことを改めて感じる。心からご冥福をお祈りいたします。みなさまと時間を共有させていただいたことに、感謝します。そして本書がまわりまわって、どこかで何かのかたちで、みなさまにとって役に立つものとなれば、とてもうれしいです。

二〇一八年二月

著者を代表して

土屋　葉

著者略歴

土屋　葉（つちや・よう）

1973年岐阜県生まれ。お茶の水女子大学人間文化研究科博士後期課程修了　博士（社会科学）、愛知大学文学部准教授。

主な著書・論文に、

『障害者家族を生きる』（勁草書房、2002年）、「東日本大震災と障害をもつ人の「生」」（天田城介・渡辺克典編著『大震災の生存学』青弓社：44-63、2015年）など。障害学研究会中部部会の一員として編んだものとして『愛知の障害者運動――実践者たちが語る』（現代書館、2015年）がある。

岩永理恵（いわなが・りえ）

1977年東京都生まれ。東京都立大学大学院社会科学研究科博士課程修了　博士（社会福祉学）、日本女子大学人間社会学部准教授。

主要著書・論文に、

『生活保護は最低生活をどう構想したか――保護基準と実施要領の歴史分析（現代社会政策のフロンティア1)』（ミネルヴァ書房、2011年）、「借り上げ仮設住宅から住宅手当へ――社会的弱者の「被災後」から「平常時」の生活を支える制度の探究」（『貧困研究』14: 82-94、2015年）、「『非日常』と『日常』をつなぐ普遍的な住宅政策を――東日本大震災、阪神・淡路大震災、生活保護から考える」（『世界』2017.7: 211-218、2017年）など。

井口高志（いぐち・たかし）

1975年山梨県生まれ。東京大学大学院人文社会系研究科博士課程修了　博士（社会学）、奈良女子大学生活環境科学系准教授。

主な著書・論文に、

『認知症家族介護を生きる――新しい認知症ケア時代の臨床社会学』（東信堂、2007年）、「認知症の人の『思い』と支援実践――語りと現実との関係から問い直す臨床社会学」『N: ナラティヴとケア』6: 62-68、2015年）、「「できること」の場を広げる――若年認知症と折り合いをつける実践の展開が示唆するもの」（『現代思想』43-6: 153-169、2015年）など。

田宮遊子（たみや・ゆうこ）

1975年東京都生まれ。お茶の水女子大学人間文化研究科博士後期課程単位取得退学　修士（学術）、神戸学院大学経済学部准教授。

主要著書・論文に、

「親の配偶関係別にみたひとり親世帯の子どもの貧困率――世帯構成の変化と社会保障の効果」（『社会保障研究』2-1: 19-31、2017年）、「高齢期女性の貧困――レスキュー事業利用者からみる生活困窮の実態」（『個人金融』11-3: 69-77、2016年）、「母子世帯の最低所得保障」（駒村康平編『最低所得保障』岩波書店：75-99、2010年）など。

本書のテキストデータを提供いたします

本書をご購入いただいた方のうち、視覚障害、肢体不自由などの理由で書字へのアクセスが困難な方に本書のテキストデータを提供いたします。希望される方は、以下の方法にしたがってお申し込みください。

◎データの提供形式＝CD-R、フロッピーディスク、メールによるファイル添付(メールアドレスをお知らせください)。

◎データの提供形式・お名前・ご住所を明記した用紙、返信用封筒、下の引換券(コピー不可)および200円切手(メールによるファイル添付をご希望の場合不要)を同封のうえ弊社までお送りください。

◉本書内容の複製は点訳・音訳データなど視覚障害の方のための利用に限り認めます。内容の改変や流用、転載、その他営利を目的とした利用はお断りします。

◎あて先
〒160-0008
東京都新宿区三栄町17-2 木原ビル303
生活書院編集部　テキストデータ係

キリトリ線

【引換券】
被災経験の
聴きとりから考える

被災経験の聴きとりから考える
——東日本大震災後の日常生活と公的支援

発　行———— 2018 年 2 月 28 日　初版第 1 刷発行
編　者———— 土屋　葉・岩永理恵・井口高志・田宮遊子
発行者———— 髙橋　淳
発行所———— 株式会社　生活書院
〒 160-0008
東京都新宿区三栄町 17-2 木原ビル 303
ＴＥＬ 03-3226-1203
ＦＡＸ 03-3226-1204
振替 00170-0-649766
http://www.seikatsushoin.com
印刷・製本—— 株式会社シナノ

Printed in Japan

ISBN 978-4-86500-076-4

定価はカバーに表示してあります。
乱丁・落丁本はお取り替えいたします。

3.11 東日本大震災と「災害弱者」——避難とケアの経験を共有するために

藤野好美、細田重憲編　A5 判並製　356 頁　本体 2700 円
災害時の避難とケアを考えることは、誰もがふだんから自分らしく生きられる地域と社会について考えるということ——未だ避難とケアの仕組みが確立されていない「災害弱者」と呼ばれる人たち。今後も起こりうる災害に備えるために、当事者の声、被災施設への調査、福祉避難所の課題など、多様な視点から 3.11 の経験とそこで得られた知見を集めまとめた必携必読の書。

震災被災者と足湯ボランティア——「つぶやき」から自立へと向かうケアの試み

似田貝香門、村井雅清編著　A5 判並製　280 頁　本体 2500 円
「つぶやき」を聴き、それを被災者の「声」として受けとめ、そこからの支援のつながりとひろがりを模索するケア活動としての足湯ボランティア。被災者の苦しみの傍に立って、毀損した心と主体の尊厳を回復する支援のありかたを構想しようとする、足湯ボランティア、災害支援団体、ケア職能者、社会学研究者による協働の記録。

3.11 以前の社会学——阪神・淡路大震災から東日本大震災へ

荻野昌弘、蘭信三編著　A5 判並製　296 頁　本体 2800 円
「不条理な死」に対して人はどのように向き合えばいいのか…3.11「以前」の社会学研究のなかに 3.11 を読み解く知を見出し、二つの大震災で露呈した社会構造や社会システムの変容を明らかにする。社会学における新たな研究対象と理論を構想し、長期にわたって続くであろう「再生」への困難な道のりを社会学者としていかに捉えていくべきかを問う、渾身の論集。

千年災禍の海辺学——なぜそれでも人は海で暮らすのか

東北学院大学震災の記録プロジェクト金菱清（ゼミナール）編　A5 判並製　256 頁　本体 2500 円
なぜ、これほどの津波の影響を受けながら、人は海にとどまり帰ろうとするのか。歳月を経て、悲しみが深まる人びとがいる一方、時間とともにそれぞれの生活の中に災禍は組み入れられてくる。三陸沿岸を、危機に晒された生を生き抜く智慧が集積した文化的中心として捉え、行政政策への対抗論理としての実践性と、災害リスクに対する脆弱性の吸収と回復力の保持を明らかにする。